새로운 도서,
다양한 자료
동양북스
홈페이지에서
만나보세요!

KB176192

www.dongyangbooks.com
m.dongyangbooks.com

홈페이지 도서 자료실에서 학습자료 및 MP3 무료 다운로드

PC

❶ 홈페이지 접속 후 **도서 자료실** 클릭
❷ **하단 검색 창에 검색어 입력**
❸ MP3, 정답과 해설, 부가자료 등 첨부파일 다운로드

* 원하는 자료가 없는 경우 '요청하기' 클릭!

MOBILE

* 반드시 '인터넷, Safari, Chrome' App을 이용하여 홈페이지에 접속해주세요. (네이버, 다음 App 이용 시 첨부파일의 확장자명이 변경되어 저장되는 오류가 발생할 수 있습니다.)

❶ 홈페이지 접속 후 ☰ 터치

❷ **도서 자료실** 터치

❸ 하단 검색창에 검색어 입력
❹ MP3, 정답과 해설, 부가자료 등 첨부파일 다운로드

* 압축 해제 방법은 '다운로드 Tip' 참고

미래와 통하는 책

가장 쉬운 독학
일본어 첫걸음
14,000원

버전업! 굿모닝
독학 일본어 첫걸음
14,500원

일단 합격하고 오겠습니다
JLPT 일본어능력시험 N3
26,000원

일본어 100문장 암기하고
왕초보 탈출하기
13,500원

가장 쉬운 독학
중국어 첫걸음
14,000원

가장 쉬운 중국어
첫걸음의 모든 것
14,500원

일단 합격 新HSK
한 권이면 끝! 4급
24,000원

중국어
지금 시작해
14,500원

영어를 해석하지 않고
읽는 법
15,500원

미국식
영작문 수업
14,500원

세상에서 제일 쉬운
10문장 영어회화
13,500원

영어회화
순간패턴 200
14,500원

가장 쉬운 독학
베트남어 첫걸음
15,000원

가장 쉬운 독학
프랑스어 첫걸음
16,500원

가장 쉬운 독학
스페인어 첫걸음
15,000원

가장 쉬운 독학
독일어 첫걸음
17,000원

동양북스 베스트 도서

THE
GOAL 1
22,000원

인스타
브레인
15,000원

직장인, 100만 원으로
주식투자 하기
17,500원

당신의 어린 시절이
울고 있다
13,800원

놀면서 스마트해지는 두뇌 자극
플레이북 딴짓거리 EASY
12,500원

죽기 전까지
병원 갈 일 없는 스트레칭
13,500원

가장 쉬운 독학
이세돌 바둑 첫걸음
16,500원

누가 봐도 괜찮은 손글씨 쓰는
법을 하나씩 하나씩 알기 쉽게
13,500원

가장 쉬운 초등 필수 파닉스
하루 한 장의 기적
14,000원

가장 쉬운 알파벳 쓰기
하루 한 장의 기적
12,000원

가장 쉬운 영어 발음기호
하루 한 장의 기적
12,500원

가장 쉬운 초등한자 따라쓰기
하루 한 장의 기적
9,500원

세상에서 제일 쉬운
엄마표 생활영어
12,500원

세상에서 제일 쉬운
엄마표 영어놀이
13,500원

창의쑥쑥 환이맘의
엄마표 놀이육아
14,500원

 동양북스

www.dongyangbooks.com
m.dongyangbooks.com

똑똑!
일본어

부산대학교 일본어교재연구회 저

STEP 2

동양북스

똑똑!
일본어 STEP 2

초판 인쇄 | 2020년 07월 21일
초판 발행 | 2020년 08월 10일

지은이 | 부산대학교 일본어교재연구회
발행인 | 김태웅
책임편집 | 이선민
디자인 | 정혜미, 남은혜
마케팅 | 나재승
제 작 | 현대순

발행처 | (주)동양북스
등 록 | 제 2014-000055호(2014년 2월 7일)
주 소 | 서울시 마포구 동교로22길 14 (04030)
구입문의 | 전화 (02)337-1737   팩스 (02)334-6624
내용문의 | 전화 (02)337-1762   dybooks2@gmail.com

ISBN 979-11-5768-638-4
      979-11-5768-590-5(세트)

이 도서의 국립중앙도서관 출판예정도서목록(CIP)은 서지정보유통지원시스템 홈페이지(http://seoji.nl.go.kr)와
국가자료공동목록시스템(http://www.nl.go.kr/ kolisnet)에서 이용하실 수 있습니다.
(CIP제어번호:CIP2020028220)

본 교재 〈똑똑! 일본어〉는 이제 막 첫발을 내디딘 일본어 공부 학습자를 위해 부산대학교 일본어교재연구회에서 기획하고 개발한 초급과정 일본어 학습서입니다. 일본어의 문을 똑똑! 두드리고 한 걸음 한 걸음 나아가 단단하게 기초 과정을 마무리한 후 중급과정으로 도약할 수 있도록 STEP 1과 STEP 2 두 권으로 구성하였습니다.

그동안 부산대학교에서는 기존의 자체 개발 도서 및 시판용 교재를 활용해 초급과정 일본어 교육에 힘써 왔으나, 학습 분량과 내용, 난이도, 구성 등에 대한 비판적 의견들이 꾸준히 제기되어 왔습니다. 이에 대학의 제일선에서 일본어 교육에 몸담아 온 부산대학교 강사진을 중심으로 일본어교재연구회를 꾸려 기존의 의견을 수렴하는 한편, 각 강사진들의 강의 경험을 바탕으로 교재에 무슨 내용을 담을 것인지, 어떻게 구성할 것인지, 어휘의 난이도는 어느 수준에 맞출 것인지 등 다양한 토론을 거듭해 왔습니다. 시중에 나와 있는 수많은 일본어 교재 또한 이 책을 완성하는 데 좋은 지침서가 되었습니다. 그들이 가진 장점과 이점을 취하고자 하였습니다.

여러 차례의 논의와 시행착오 끝에 '일본어를 처음으로 배우는 학습자'가 입문 단계를 거쳐 초급과정을 체계적이고 효율적으로 완성할 수 있도록 최대한 고려한 교재를 내놓기에 이르렀습니다. 언어의 4가지 기본 기능인 읽기, 말하기, 듣기, 쓰기 연습을 종합적으로 훈련할 수 있도록 구성하여 일상생활에서 기본 회화가 가능하도록 하였습니다.

본 교재의 구성과 특징은 다음과 같습니다.

❶ 일본어 문자와 발음을 충분히 익히고 정확히 발음할 수 있도록 각 과의 '새로운 단어'에 모두 악센트 표시를 하고, 한자 어휘에는 읽는 법(ルビ)을 달았습니다.

❷ 각 과의 첫 장에 학습 목표, 학습 문형, 학습 포인트를 제시하고, 실제 언어생활에서 어떻게 적용하고 응용할 수 있는지 「생활회화 → 문법·문형연습 → 응용연습(말하기, 쓰기, 읽기, 듣기)」 항목을 두어 반복 학습이 가능하도록 하였고, 단계별 향상을 꾀할 수 있도록 하였습니다.

❸ 어휘의 난이도는 STEP1은 일본어능력시험(JLPT) N4~N5를 기준으로, STEP2는 가능한 N4를 기준으로 하였습니다. 그리고 각 과의 연습이 끝날 때마다 새로운 어휘를 어느 정도 익혔는지 스스로 체크할 수 있도록 [단어 체크] 란을 두었습니다.

❹ 일본어 초급 과정에서 익혀야 할 N4 수준의 한자와 가타카나 어휘를 선별해 쓰기 연습을 할 수 있도록 과마다 별도의 연습 페이지를 마련해 두었습니다.

❺ STEP 1에서는 일본의 언어와 생활문화에 초점을 맞춘 [일본문화 소개] 코너를 두어, 일본에 대한 흥미와 이해를 높이고 일본어 학습에 동기부여가 될 수 있도록 하였습니다.

❻ 시청각적 요소를 곳곳에 배치하여 학습자의 이해도와 몰입도를 높일 수 있도록 배려하였습니다.

❼ QR코드를 활용하여 학습자 스스로 원어민의 발음을 듣고 익힐 수 있도록 하였습니다.

❽ STEP 1에서는 부록으로 연습문제 정답을 첨부하여 자기 학습이 가능하도록 하였고, 〈펜맨십 노트〉로 히라가나와 가타가나 쓰기 연습을 할 수 있도록 구성하였습니다.

어느 분야든 마찬가지겠지만 일본어 학습에 있어서도 초급 단계의 기초 다지기가 무엇보다 중요합니다. 중급, 고급으로 레벨업을 할 수 있는 토대가 되기 때문입니다.

〈똑똑! 일본어 STEP 1〉을 통해 일본어 입문을 했다면 일본인과 간단한 회화가 가능할 것입니다. 그것은 〈똑똑! 일본어 STEP 2〉로 한 단계 업그레이드할 수 있는 실력을 갖추었다는 뜻이기도 합니다. 두 과정을 통해 초급 단계를 똑똑하게 마무리 지었다면 이제 좀 더 자연스럽게 일본인과 일상 회화를 나누어 보세요.

이 책이 일본어의 기초를 이해하는 데 도움이 되기를 바라며, 미비점에 대해서는 계속해서 수정 보완해 나갈 것을 약속드립니다.

2020. 7. 21
부산대학교 일본어교재연구회 일동

にほんちず
日本地図
Map of Japan

北海道

北海道地方

青森

秋田　岩手

山形　宮城

東北地方

中部地方

新潟

福島

富山

石川

栃木

群馬

茨城

福井

長野

埼玉

山梨

東京

神奈川

千葉

中国地方

鳥取

岐阜

愛知

静岡

関東地方

島根

岡山

兵庫

京都

滋賀

広島

大阪

奈良

三重

山口

香川

徳島

和歌山

近畿地方

愛媛

福岡

高知

佐賀

大分

長崎

熊本

宮崎

四国地方

鹿児島

九州地方

沖縄地方

들어가기

각 과의 본문 주제를 제목을 통해 제시하고, 해당 과에서 다룰 학습 목표와 문형 포인트를 간략하게 소개한다.

会話(회화)

각 과에서 학습할 내용이 집약되어 만들어진 회화 본문이다. 한글 해석을 따로 달지 않아 읽기와 뜻 파악에 도전해보고, 문법 사항들을 학습한 후에 다시 봄으로써 학습자 스스로 향상된 실력을 점검해볼 수 있다.

文法·文型練習(문법·문형연습)

각 과에서 학습할 문법과 문형 표현을 자세히 다룬다. 항목마다 제공되는 풍부한 예문과 연습문제로 학습 이해도를 높였다.

応用練習(응용연습)

각 과에서 학습한 내용을 말하기, 쓰기, 읽기,
듣기 등 다양한 문제를 통해 종합적으로 학습
하여 본인 실력을 확인할 수 있도록 한다.

単語チェック(단어체크)

해당 과에서 새로 배운 어휘를 품사별이나 주제
별로 정리하여 한눈에 볼 수 있다. 본인이 어느
정도 익혔는지 스스로 체크해볼 수 있다.

練習(펜맨십)

각 과에 등장한 한자와 가타카나를 직접
써보면서 익힐 수 있다.

차례

新聞のコラムを読みはじめました。

しんぶん / よ

학습목표

동작의 시작·계속·끝, 난이도(쉽고 어려움), 과도한 상태(지나침), 원인·이유에 관해 이해하고 사용할 수 있다.

학습문형

1. 新聞を読みはじめます/読みおわります。 신문을 읽기 시작합니다/다 읽습니다.
2. 新聞を読みつづけています。 신문을 계속 읽고 있습니다.
3. 漢字は覚えやすいです/覚えにくいです。 한자는 외우기 쉽습니다/외우기 어렵습니다.
4. 私には難しすぎます。 저에게는 너무 어렵습니다.
5. 留学するので、がんばりたいです。 유학 가기 때문에 열심히 하고 싶습니다.

학습포인트

1. 동사ます형 + はじめます/おわります ~하기 시작합니다/다 ~합니다
2. 동사ます형 + つづけます 계속 ~합니다
3. 동사ます형 + やすいです/にくいです ~하기 쉽습니다/어렵습니다
4. 동사 ます형·イ형용사 어간·ナ형용사 어간 + すぎます 너무 ~합니다, 지나치게 ~합니다
5. ~ので ~해서, ~니까, ~때문에

도서관에서 다나카가 공부하고 있는 김연아를 알아본다.

◎ Track 01-01

田中 キムさん、勉強中ですか。日本語の新聞ですね。

キム ええ、昨日から新聞のコラムを読みはじめました。

田中 へえ、そうですか。難しくありませんか。

キム そうですね。わからない言葉がたくさんあります。

漢字も多いので、私には少し難しすぎますね。

田中 漢字は覚えにくいですよね。

キム ええ、でも日本語の勉強は楽しいです。

それに、来年日本に留学するので、がんばりたいです。

田中 でも、ちょっと休みませんか。

キム そうですね。

ずっと新聞を読みつづけていたので、少し疲れました。

🌱 **새로운 단어** ···

コ「ラム 칼럼　言葉(こ「とば」) 단어, 말　~に ~에게, ~한테　覚える(お「ぼえ」る) 외우다, 기억하다

~よね ~네요, 지요(동의/확인)　そ「れに 게다가　留学する(りゅ「うがくする) 유학하다, 유학가다

が「んば」る 노력하다, 발분하다　ず「っと 쭉, 계속　疲れる(つ「かれ」る) 피곤하다

文法·文型練習

1 동사ます형 + はじめます/おわります ~하기 시작합니다/다 ~ 합니다

동사ます형에 접속하며 동작의 시작·끝을 나타낸다.

▶예문

来月からフランス語を習いはじめます。

たった今、ドラマを見はじめました。

やっと、食器を洗いおわりました。

▶연습문제

| 보기 | 薬を飲む → 薬を飲みはじめます/飲みおわります。 |

① お弁当を作る → _____/_____。

② ご飯を食べる → _____/_____。

③ 部屋を掃除する → _____/_____。

④ 桜が咲く → _____/_____。

🌱 **새로운 단어** ···

フ「ランス語(フ「ランスご) 프랑스어　たった今(た「ったい「ま) 이제 막, 방금　や「っと 겨우　食器(しょ「っき) 식기

洗う(あ「らう) 씻다　桜(さ「くら) 벚꽃　咲く(さ「く) 피다

2 동사ます형＋つづけます 계속 ~합니다

동사ます형에 접속하며 동작이나 습관의 계속을 나타낸다.

▶예문

> 同じ自転車に乗りつづけています。
>
> これからも新しいことにチャレンジしつづけます。
>
> ５歳から15歳までピアノ教室に通いつづけました。

▶연습문제

| 보기 | 小説を読む　→　小説を読みつづけています。 |

① 一日中寝る　→　_____。

② 同じ会社で働く　→　_____。

③ 友だちとしゃべる　→　_____。

④ 英語を勉強する　→　_____。

🌱 **새로운 단어** ┈┈

同じ(お「なじ) 같은 **こ「れから** 이제부터, 앞으로 **チャ「レ」ンジする** 도전하다

ピアノ教室(ピ「アノきょ」うしつ) 피아노학원 **通う(か「よう)** 다니다 **小説(しょ「うせつ)** 소설

3 **동사ます형＋やすいです/にくいです ～하기 쉽습니다/어렵습니다**

동사ます형에 접속하며 쉽고 어려움을 나타낸다.

▶예문

この靴は、はきやすいです。
説明がわかりにくいです。
壊れやすい品物もあります。

▶연습문제

보기 使う・スマホ → 使いやすいスマホ/使いにくいスマホ

① 話す・人　　　　→ ＿＿＿＿＿＿＿＿＿＿／＿＿＿＿＿＿＿＿＿＿。

② 読む・本　　　　→ ＿＿＿＿＿＿＿＿＿＿／＿＿＿＿＿＿＿＿＿＿。

③ 食べる・お菓子 → ＿＿＿＿＿＿＿＿＿＿／＿＿＿＿＿＿＿＿＿＿。

④ 運転する・車　　→ ＿＿＿＿＿＿＿＿＿＿／＿＿＿＿＿＿＿＿＿＿。

🌱 **새로운 단어** ···

説明(せ「つめい) 설명　壊れる(こ「われ」る) 깨지다　品物(し「なもの) 물건

4 동사ます형·イ형용사 어간·ナ형용사 어간＋すぎます
지나치게 ～합니다, 너무 ～합니다

동사ます형·イ형용사 어간·ナ형용사 어간에 접속하며 과도한 상태를 나타낸다.

▶예문

> この店は少し高すぎます。
>
> ルールが複雑すぎます。
>
> 飲み会でお酒を飲みすぎました。
>
> ＊いい・よい → よすぎる　　　＊ない → なさすぎる
>
> ＊飲みすぎ(과음)、食べすぎ(과식)

▶연습문제

> 보기　動画を見る　→　動画を見すぎます。

① 7時は早い　　　　　→　_____。

② 交通が不便だ　　　→　_____。

③ 甘いものを食べる　→　_____。

④ ゲームをする　　　→　_____。

🌱 새로운 단어 ···

ルール 룰, 규칙　複雑だ(ふくざつだ) 복잡하다　飲み会(のみかい) 회식　動画(どうが) 동영상

早い(はやい) 이르다　交通(こうつう) 교통

16

5 ～ので ～해서, ～니까, ～때문에

각 품사 보통형과 접속하여 원인·이유를 나타낸다. 단, 명사·ナ형용사는 「～なので」의 형태가 되며 「～ので」는 정중형과 접속하기도 한다.

예 雨なので → 雨ですので　　帰るので → 帰りますので

	현재 긍정	현재 부정	과거 긍정	과거 부정
명사	雨なので	雨じゃないので	雨だったので	雨じゃなかったので
イ형용사	硬いので	硬くないので	硬かったので	硬くなかったので
ナ형용사	静かなので	静かじゃないので	静かだったので	静かじゃなかったので
동사	帰るので	帰らないので	帰ったので	帰らなかったので

▶예문

雨なので、傘を持っていきます。

硬いので、食べにくいです。

静かなので、図書館で勉強します。

道が混んでいるので、電車で帰ります。

▶연습문제

보기 風邪・休む　→　風邪なので、休みます。

① セール中・安い　→ ＿＿＿＿＿＿＿＿＿＿＿＿＿＿。

② おもしろい・ぜひ見てください　→ ＿＿＿＿＿＿＿＿＿＿＿。

③ 韓国料理が好きだ・よく食べる　→ ＿＿＿＿＿＿＿＿＿＿＿。

④ 用事がある・先に失礼する

　　　　　→ ＿＿＿＿＿＿＿＿＿＿＿＿。

🌱 **새로운 단어**

硬い(か「たい) 단단하다, 질기다　**道が混む(み「ちがこ「む)** 길이 붐비다　**風邪(か「ぜ)** 감기　**セール** 세일

用事(よ「うじ) 볼일　**先に(さ「きに)** 먼저　**失礼する(し「つ」れいする)** 실례하다(돌아가다)

応用練習

1 다음 그림을 보고 보기와 같이 회화문을 만드세요.

Track 01-02

보기 1)

薬・飲む
甘い

A この薬は飲みやすいですか、飲みにくいですか。

B 甘いので、飲みやすいです。

① 本・読む
字が小さい

A _____。

B _____。

② 肉・食べる
硬い

A _____。

B _____。

보기 2)

靴をたくさん買う

A 買い物はどうでしたか。

B 靴を買いすぎました。

③ とても大きいシャツ

A シャツはどうでしたか。

B _____。

④ とても簡単なテスト

A テストはどうでしたか。

B _____。

⑤ お酒をたくさん飲む

A 飲み会はどうでしたか。

B _____。

🌱 새로운 단어 ┄┄

字(じ「) 글자, 문자 **肉(に「く」)** 고기

2 학습 내용을 활용하여 자유롭게 문장을 만드세요.

① これから ＿＿＿＿＿＿＿＿＿＿＿＿＿はじめます。

② これからも ＿＿＿＿＿＿＿＿＿＿＿＿＿つづけます。

③ たった今 ＿＿＿＿＿＿＿＿＿＿＿＿＿おわりました。

④ ＿＿＿＿＿＿＿＿＿＿＿＿＿ので、＿＿＿＿＿＿＿＿＿＿＿＿＿。

3 주어진 단락을 읽어 보세요.

　今、日本語を勉強しています。日本語の勉強は少し難しいですが、とてもおもしろいです。先月から日本の小説を読んでいます。やっと１冊、読みおわりました。最近、日本のニュースとドラマも見はじめました。日本語を勉強しすぎて、頭が日本語でいっぱいです。日本は韓国から近いので、行きやすいです。でも、私はまだ行ったことがないので、夏休みに家族と一緒に旅行したいです。

4 다음 한국어를 일본어로 고치세요.

① 일본어를 배우기 시작했습니다. ＿＿＿＿＿＿＿＿＿＿＿＿＿＿＿＿＿＿。

② 여기는 너무 비쌉니다. ＿＿＿＿＿＿＿＿＿＿＿＿＿＿＿＿＿＿。

③ 이 요리는 만들기 쉽습니다. ＿＿＿＿＿＿＿＿＿＿＿＿＿＿＿＿＿＿。

④ 한자가 많아서 읽기 어렵습니다. (〜ので사용)

＿＿＿＿＿＿＿＿＿＿＿＿＿＿＿＿＿＿＿＿＿＿＿。

🌱 새로운 단어 ···

最近(さ「いきん) 최근 **頭**(あ「たま」) 머리 **い**「っぱいだ 가득하다

5 대화를 듣고 해당하는 그림을 고르세요. Track 01-03

①

( )　　　( )

②

( )　　　( )

③

( )　　　( )

④

( )　　　( )

6 대화를 듣고 빈칸을 채우세요. Track 01-01

田中	キムさん、勉強中ですか。日本語の新聞ですね。
キム	ええ、昨日から新聞のコラムを＿＿＿＿＿＿＿＿＿＿＿。
田中	へえ、そうですか。難しくありませんか。
キム	そうですね。わからない言葉がたくさんあります。
	＿＿＿＿＿＿＿＿＿＿＿ので、私には少し＿＿＿＿＿＿＿＿＿＿＿。
田中	漢字は＿＿＿＿＿＿＿＿＿＿＿ですよね。
キム	ええ、でも日本語の勉強は楽しいです。
	それに、来年日本に＿＿＿＿＿＿＿＿＿＿＿、がんばりたいです。
田中	でも、ちょっと休みませんか。
キム	そうですね。
	ずっと新聞を＿＿＿＿＿＿＿＿＿＿＿ので、少し疲れました。

동사

1그룹동사

- [ ] がんばる
- [ ] あらう(洗う)
- [ ] さく(咲く)
- [ ] かよう(通う)
- [ ] こむ(混む)

2그룹동사

- [ ] おぼえる(覚える)
- [ ] つかれる(疲れる)
- [ ] こわれる(壊れる)

3그룹동사

- [ ] りゅうがくする(留学する)
- [ ] チャレンジする
- [ ] しつれいする(失礼する)

イ형용사

- [ ] はやい(早い)
- [ ] かたい(硬い)

ナ형용사

- [ ] ふくざつだ(複雑だ)
- [ ] いっぱいだ

부사

- [ ] ずっと
- [ ] たったいま(たった今)
- [ ] やっと
- [ ] さきに(先に)

명사

- [ ] コラム
- [ ] ことば(言葉)
- [ ] フランスご(フランス語)
- [ ] しょっき(食器)
- [ ] さくら(桜)
- [ ] ピアノきょうしつ(ピアノ教室)
- [ ] しょうせつ(小説)
- [ ] せつめい(説明)
- [ ] しなもの(品物)
- [ ] ルール
- [ ] のみかい(飲み会)
- [ ] どうが(動画)
- [ ] こうつう(交通)
- [ ] かぜ(風邪)
- [ ] セール
- [ ] ようじ(用事)
- [ ] じ(字)
- [ ] にく(肉)
- [ ] さいきん(最近)
- [ ] あたま(頭)

조사

- [ ] ～に
- [ ] ～よね

기타

- [ ] それに
- [ ] おなじ(同じ)
- [ ] これから
- [ ] みちがこむ(道が混む)

漢字練習

道	道	道			
みち　道					
字	字	字			
じ　字					
留	留	留			
りゅう　留学					
事	事	事			
じ　用事					
説	説	説			
せつ　説明					
物	物	物			
もの　品物					

カタカナ練習

コラム	コラム	
チャレンジ	チャレンジ	
セール	セール	

第
02
課

豚肉を入れてもいいですか。
ぶたにく　　　　い

학습목표

1. 동사의 て형과 ない형을 활용한 허용과 금지, 의무표현을 이해하고 사용할 수 있다.
2. 시간적으로 앞뒤를 나타내는 표현을 이해하고 사용할 수 있다.

학습문형

1. **豚肉を入れてもいいですか。** 돼지고기를 넣어도 됩니까?
   ぶたにく　い
2. **水をたくさん入れてはいけません。** 물을 많이 넣으면 안 됩니다.
   みず
3. **アルバイトに行かなければなりません。** 아르바이트에 가야합니다.
   い
4. **焼く前に、タレを作ってください。** 부치기 전에 양념장을 만들어주세요.
   や　まえ　　　　　　つく
5. **アルバイトが終わった後で、一緒に作りましょう。** 아르바이트가 끝난 후에 같이 만듭시다.
   お　　　あと　いっしょ　つく

학습포인트

1. 동사て형 + もいいですか ~해도 좋습니까/됩니까
2. 동사て형 + はいけません ~해서는 안 됩니다
3. 동사ない형 + なければなりません ~하지 않으면 안 됩니다/~해야 합니다
4. 동사기본형 + 前に ~기 전에
5. 동사た형 + 後で ~한 후에

김연아가 다나카에게 전화로 요리를 가르쳐 주고 있다.

Track 02-01

田中 キムさん、チヂミの作り方を知っていますか。

キム 知っていますよ。まず、野菜を全部切ってください。

それから、小麦粉と卵と水を混ぜます。

そのとき、水をたくさん入れてはいけません。

田中 豚肉を入れてもいいですか。

キム もちろん、いいですよ。

材料を全部混ぜた後で、フライパンで焼きます。

焼く前に、タレも作ってくださいね。

田中 簡単ですね。これから、一緒に作りませんか。

キム すみません。今からアルバイトに行かなければなりません。

アルバイトが終わった後で、一緒に作りましょう。

田中 はい。作る前に、スーパーでマッコリも買いましょう。

🌱 새로운 단어 ....

チ「ヂミ 부침개, 전　作り方(つ「くりか「た) 만드는 방법　ま「ず 우선　全部(ぜ「んぶ) 전부　小麦粉(こ「むぎこ) 밀가루

卵(た「ま「ご) 달걀　混ぜる(ま「ぜ「る) 섞다　そ「のと「き 그 때　入れる(い「れる) 넣다　豚肉(ぶ「たにく) 돼지고기

材料(ざ「いりょう) 재료　フ「ライパン 프라이팬　焼く(や「く) 굽다, 부치다　タ「レ 양념장　マ「ッコリ 막걸리

文法·文型練習

1 동사て형 + も いいですか ~해도 좋습니까/됩니까?

「~てもいいですか」는 상대에 대한 허가, 허용을 구하는 표현이다. 허가를 나타낼 때는
의문형 조사「か」를 뺀「~てもいいです」'~해도 됩니다'로 표현할 수 있다.
부정형은「동사 ない형 + なくてもいいです(か)」'~지 않아도 됩니다(까)'이다.

▶예문

映画を見に行ってもいいですか。
ドアを少し開けてもいいですか。
今週は運動してもいいですか。

▶연습문제

보기 ボールペン・名前・書く

→ ボールペンで名前を書いてもいいですか。

① ここ・たばこ・吸う → ＿＿＿＿＿＿＿＿＿＿＿＿＿＿＿＿。
② 美術館・写真・撮る → ＿＿＿＿＿＿＿＿＿＿＿＿＿＿＿＿。
③ 教室・お弁当・食べる → ＿＿＿＿＿＿＿＿＿＿＿＿＿＿＿＿。
④ 土曜日・学校・来る → ＿＿＿＿＿＿＿＿＿＿＿＿＿＿＿＿。

🌱 **새로운 단어**

美術館(び「じゅつ」かん) 미술관

2 동사て형＋は いけません ～해서는 안 됩니다

「～てはいけません」은 어떤 동작에 대한 금지를 나타내며 주로 일상생활에 많이 사용된
다. 다른 표현으로는 「～てはなりません」이 있으나, 이는 규칙이나 규범 등에 사용되는 경
우가 많다.

▶예문

> コーヒーを飲んではいけません。
> バスで食べ物を食べてはいけません。
> 長時間ゲームをしてはいけません。

▶연습문제

| 보기 | 物・盗む　➡　物を盗んではいけません。 |

① 宿題・忘れる　　　➡ ＿＿＿＿＿＿＿＿＿＿＿＿＿＿＿＿＿。

② あの ベンチ・座る ➡ ＿＿＿＿＿＿＿＿＿＿＿＿＿＿＿＿＿。

③ うそ・つく　　　　➡ ＿＿＿＿＿＿＿＿＿＿＿＿＿＿＿＿＿。

④ 窓・開ける　　　　➡ ＿＿＿＿＿＿＿＿＿＿＿＿＿＿＿＿＿。

🌱 **새로운 단어** ....

食べ物(た「べ」もの) 먹을 것, 음식　長時間(ちょ「うじ」かん) 장시간　盗む(ぬ「す」む) 훔치다

忘れる(わ「すれる) 잊어버리다, 잊고 오다　う「そを つく 거짓말을 하다

3 **동사ない형＋なければなりません** ～하지 않으면 안됩니다/～해야 합니다

「～なければなりません」은 의무, 필요성을 나타낸다. 「～なければいけません」보다
회피 할 수 없는 필연적인 경우에 주로 사용한다.

▶예문

> 明日は7時までに学校に来なければなりません。
> お母さんのプレゼントを買いに行かなければなりません。
> 毎朝、家から学校まで走らなければなりません。

▶연습문제

> 보기　ネクタイ・締める　→　ネクタイを締めなければなりません。

① 電話・かける　　　→　＿＿＿＿＿＿＿＿＿＿＿＿＿＿＿＿＿。

② 飲み物・買う　　　→　＿＿＿＿＿＿＿＿＿＿＿＿＿＿＿＿＿。

③ 日本語・復習する　→　＿＿＿＿＿＿＿＿＿＿＿＿＿＿＿＿＿。

④ 薬・飲む　　　　　→　＿＿＿＿＿＿＿＿＿＿＿＿＿＿＿＿＿。

🌱 **새로운 단어**

～までに ～까지(기한)　ネクタイ 넥타이　締める(し「め」る) 매다　復習(ふ「くしゅう) する 복습하다

4 동사기본형 + 前に ～기 전에

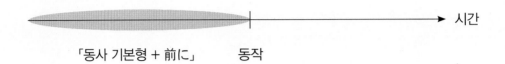

「동사 기본형 + 前に」　　동작　　→ 시간

▶예문

> <ruby>話<rt>はな</rt></ruby>す前に、ちゃんと<ruby>考<rt>かんが</rt></ruby>えます。
> <ruby>最近<rt>さいきん</rt></ruby>、<ruby>毎朝起<rt>まいあさお</rt></ruby>きる前に、<ruby>夢<rt>ゆめ</rt></ruby>を見ます。
> <ruby>掃除<rt>そうじ</rt></ruby>をする前に、<ruby>窓<rt>まど</rt></ruby>を<ruby>開<rt>あ</rt></ruby>けます。

▶연습문제

> 보기   <ruby>食事<rt>しょくじ</rt></ruby>をする・<ruby>散歩<rt>さんぽ</rt></ruby>する → <ruby>食事<rt>しょくじ</rt></ruby>をする前に、<ruby>散歩<rt>さんぽ</rt></ruby>します。

① <ruby>顔<rt>かお</rt></ruby>を<ruby>洗<rt>あら</rt></ruby>う・<ruby>歯<rt>は</rt></ruby>を<ruby>磨<rt>みが</rt></ruby>く

→ _____。

② <ruby>本<rt>ほん</rt></ruby>を<ruby>読<rt>よ</rt></ruby>む・<ruby>映画<rt>えいが</rt></ruby>を見る

→ _____。

③ <ruby>携帯<rt>けいたい</rt></ruby>を<ruby>買<rt>か</rt></ruby>う・ネットで<ruby>調<rt>しら</rt></ruby>べる

→ _____。

④ <ruby>授業<rt>じゅぎょう</rt></ruby>が<ruby>始<rt>はじ</rt></ruby>まる・トイレに<ruby>行<rt>い</rt></ruby>く

→ _____。

🌱 **새로운 단어** ···

ちゃ「んと 제대로, 확실히　考える(か「んが」える) 생각하다　食事(しょ「くじ) 식사　夢(ゆ「め) 꿈　顔(か「お) 얼굴

ネ「ット 인터넷(인터넷의 줄임말)　調べる(し「らべ」る) 조사하다, 알아보다　始(は「じ」)まる 시작되다

5 동사た형 + 後で ~한 후에

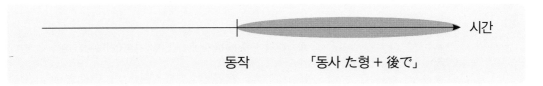

▶예문

仕事が終わった後で、友だちに会います。
メールを送った後で、電話をしてください。
勉強した後で、音楽を聞きます。

▶연습문제

> 보기 映画を見る・買い物をする → 映画を見た後で、買い物をします。

① 晩ご飯を食べる・お酒を飲む

→ _____。

② カメラを買う・説明書を読む

→ _____。

③ 卒業する・アメリカに行く

→ _____。

④ 家に帰る・パソコンを使う

→ _____。

🌱 새로운 단어 ···

説明書(せ「つめいしょ) 설명서　**卒業する(そ「つぎょうする)** 졸업하다

応用練習

1 다음 그림을 보고 보기와 같이 회화문을 만드세요.

🔘 Track 02-02

 1)

よるおそ　せんたくき
夜遅く・洗濯機・使う

A 夜遅く洗濯機を使ってもいいですか。

B いいえ、夜遅く洗濯機を使ってはいけません。

①

しばふ　はい
芝生・入る

A ＿＿＿＿＿＿＿＿＿＿＿＿＿＿＿＿＿。

B ＿＿＿＿＿＿＿＿＿＿＿＿＿＿＿＿＿。

②

たか
高い物・買う

A ＿＿＿＿＿＿＿＿＿＿＿＿＿＿＿＿＿。

B ＿＿＿＿＿＿＿＿＿＿＿＿＿＿＿＿＿。

③

くるま　と
車・止める

A ＿＿＿＿＿＿＿＿＿＿＿＿＿＿＿＿＿。

B ＿＿＿＿＿＿＿＿＿＿＿＿＿＿＿＿＿。

④

ご飯・たくさん 食べる

A ＿＿＿＿＿＿＿＿＿＿＿＿＿＿＿＿＿。

B ＿＿＿＿＿＿＿＿＿＿＿＿＿＿＿＿＿。

🌱 **새로운 단어** ‥‥‥

洗濯機(せ「んた「くき) 세탁기　芝生(し「ばふ) 잔디밭　車を止める(く「るまをと「める) 차를 세우다

2 학습 내용을 활용하여 자유롭게 문장을 만드세요.

① 地下鉄(ち か てつ)の中(なか)では ＿＿＿＿＿＿＿＿＿＿＿＿＿＿はいけません。

② レストランでは ＿＿＿＿＿＿＿＿＿＿＿＿＿＿なければなりません。

③ 博物館(はくぶつかん)で ＿＿＿＿＿＿＿＿＿＿＿＿＿いいですか。

④ 毎朝(まいあさ) ＿＿＿＿＿＿＿＿＿＿前に ＿＿＿＿＿＿＿＿＿＿＿＿。

⑤ 毎晩(まいばん) ＿＿＿＿＿＿＿＿＿＿後で ＿＿＿＿＿＿＿＿＿＿＿＿。

3 주어진 단락을 읽어 보세요.

私は、レストランでバイトをしています。まず、店(みせ)が始まる前に、掃除(そうじ)をしなければなりません。仕事中(ちゅう)は、携帯電話を使ってはいけません。休憩時間(きゅうけい じ かん)だけ、見てもいいです。店長(てんちょう)が厳(きび)しいので、バイトはとても大変(たいへん)です。でも、仕事が終わった後で食べるご飯は、とてもおいしいです。

4 다음 한국어를 일본어로 고치세요.

① 밥을 먹고 난 후에 이를 닦아야 합니다.

＿＿＿＿＿＿＿＿＿＿＿＿＿＿＿＿＿＿＿＿＿＿＿＿。

② 밤늦게 전화를 걸면 안 됩니다. ＿＿＿＿＿＿＿＿＿＿＿＿＿＿＿＿＿＿。

③ 목욕을 하기 전에 밥을 먹습니다. ＿＿＿＿＿＿＿＿＿＿＿＿＿＿＿＿＿。

④ 같이 사진을 찍어도 됩니까? ＿＿＿＿＿＿＿＿＿＿＿＿＿＿＿＿＿＿＿。

🌱**새로운 단어** ··

地下鉄(ち「かてつ) 지하철 **博物館(は「くぶつ」かん)** 박물관 **休憩(きゅ「うけい)** 휴게, 휴식 **～だ「け** ～뿐

店長(て「んちょう) 점장 **厳しい(き「びし」い)** 엄격하다

5 대화를 듣고 어떻게 해야하는지 해당하는 그림을 고르세요. Track 02-03

①

( )　　　　( )

②

( )　　　　( )

③

( )　　　　( )

④

( )　　　　( )

6 대화를 듣고 빈칸을 채우세요. Track 02-01

田中	キムさん、チヂミの作り方を知っていますか。
キム	知っていますよ。まず、野菜を全部切ってください。
	それから、小麦粉と卵と水を混ぜます。
	そのとき、水をたくさん_____。
田中	豚肉を_____。
キム	もちろん、いいですよ。
	材料を全部_____、フライパンで焼きます。
	_____、タレも作ってくださいね。
田中	簡単ですね。これから、一緒に作りませんか。
キム	すみません。今からアルバイトに_____。
	アルバイトが_____、一緒に作りましょう。
田中	はい。_____、スーパーでマッコリも買いましょう。

동사

1그룹동사

- [ ] やく(焼く)
- [ ] ぬすむ(盗む)

2그룹동사

- [ ] いれる(入れる)
- [ ] まぜる(混ぜる)
- [ ] わすれる(忘れる)
- [ ] しめる(締める)
- [ ] かんがえる(考える)
- [ ] しらべる(調べる)

3그룹동사

- [ ] ふくしゅうする(復習する)
- [ ] そつぎょうする(卒業する)

イ형용사

- [ ] きびしい(厳しい)

부사

- [ ] まず
- [ ] ちゃんと

명사

- [ ] チヂミ
- [ ] つくりかた(作り方)
- [ ] せんたくき(洗濯機)
- [ ] ぜんぶ(全部)

- [ ] こむぎこ(小麦粉)
- [ ] たまご(卵)
- [ ] ぶたにく(豚肉)
- [ ] ざいりょう(材料)
- [ ] フライパン
- [ ] タレ
- [ ] マッコリ
- [ ] びじゅつかん(美術館)
- [ ] たべもの(食べ物)
- [ ] ちょうじかん(長時間)
- [ ] ネクタイ
- [ ] ふくしゅう(復習)
- [ ] しょくじ(食事)
- [ ] ゆめ(夢)
- [ ] かお(顔)
- [ ] ネット
- [ ] しばふ(芝生)
- [ ] ちかてつ(地下鉄)
- [ ] はくぶつかん(博物館)
- [ ] きゅうけい(休憩)
- [ ] てんちょう(店長)

기타

- [ ] そのとき
- [ ] うそをつく
- [ ] ～までに
- [ ] くるまをとめる(車を止める)
- [ ] ～だけ

漢字練習 ✎

肉	肉	肉			
にく　　豚肉					
考	考	考			
かんが(える)　考える					
鉄	鉄	鉄			
てつ　　地下鉄					
館	館	館			
かん　　博物館					
時	時	時			
じ　　時間					
止	止	止			
と(める)　止める					

カタカナ練習 ✎

ネクタイ	ネクタイ	
ネット	ネット	
フライパン	フライパン	

34

第 **03** 課

せんせい   れんらく
先生には連絡してあります。

전화 통화를 마친 김연아가 다나카와 이야기하고 있다.

🔘 Track 03-01

田中　誰からの電話でしたか。

キム　母からです。
　　　実は昨日の夜、兄が倒れて、病院に入院しています。

田中　えっ。大変ですね。

キム　仕事にだんだん慣れてきて、無理をしてしまって…。
　　　今から病院に必要な物を買っていかなければなりません。

田中　午後の授業はどうしますか。

キム　欠席します。先生には昨日連絡してありますから、

　　　すみませんが、レポートを出しておいてください。

田中　わかりました。

　　　ちゃんと検査してみたほうがいいですよ。

キム　そうですね。兄に言っておきます。じゃ、行ってきます。

🌱 **새로운 단어** ....

〜から 〜에게서, 〜한테서　**実は**(じ「つ」は) 실은　**倒れる**(た「おれ」る) 쓰러지다　**〜て**、〜하고、〜해서〈이유〉

入院する(にゅ「ういんする) 입원하다　**だ「んだん** 점점　**慣れる**(な「れ」る) 익숙해지다　**無理**(む「り) 무리

必要だ(ひ「つようだ) 필요하다　**ど「う** 어떻게　**欠席**(け「っせき) 결석　**出す**(だ「す) 내다, 꺼내다　**検査**(け「んさ) 검사

1 동사 て형＋あります ～되어 있습니다

기본적으로 타동사에 접속이 되며 동작이 끝나있는 상태를 나타낸다.

▶예문

黒板に「休講」と書いてありました。
教室は掃除がしてありました。
薬はテーブルの上に置いてあります。

▶연습문제

> 보기　玄関のドア・開ける　➡　玄関のドアが開けてありました。

① かぎ・隠す　➡　_____。

② 写真・飾る　➡　_____。

③ 車・用意する　➡　_____。

2 동사 て형＋しまいます ～해 버립니다

어떠한 상황이 완료되는 경우를 나타낸다. 종종, 그 결과가 바람직하지 않은 것을 나타내는 경우도 있다.

▶예문

もう、12時になってしまいました。
借りた本を全部読んでしまいました。

パクさんはどこかへ行ってしまいました。

🌱 **새로운 단어** ···

黒板(こくばん) 칠판　**～と** ～(라)고　**玄関(げんかん)** 현관　**隠す(かくす)** 숨기다　**飾る(かざる)** 꾸미다

用意する(よういする) 준비하다　**どこか** 어딘가

| 보기 | 教科書・忘れる → <u>教科書を忘れてしまいました。</u> |

① 妹のケーキ・食べる → _____。

② 宿題・やる → _____。

③ 電車・行く → _____。

3 동사 て형＋おきます ～해 둡니다

「～てある」에 비해서 의지적인 표현이다.

▶예문

> ビールは冷やしておきました。
>
> レポートは出しておきました。
>
> この服は洗っておきます。

▶연습문제

| 보기 | ラーメン・買う → <u>ラーメンを買っておきます。</u> |

① ご飯・炊く → _____。

② 奨学金・申し込む → _____。

③ 予約・する → _____。

🌱 **새로운 단어** ....

や「る 하다 冷やす(ひ「や す) 차게 하다 炊く(た「く) (밥 따위를) 짓다 奨学金(しょ「うがくきん) 장학금

申し込む(も「うしこ「む) 신청하다 教科書(きょ「うか「しょ) 교과서

4 동사 て형＋みます ~해 봅니다

어떠한 행위를 시도하는 것을 나타낸다.

▶예문

> このパン、ちょっと食べてみてください。
>
> 簡単(かんたん)な実験(じっけん)をしてみました。
>
> 私もダイビングをしてみたいです。

▶연습문제

| 보기 | 着物(きもの)・着(き)る → 着物を着てみました。 |

① K-POP・歌(うた)う   → _____。

② 将来(しょうらい)について・考(かんが)える   → _____。

③ そこ・泳(およ)ぐ   → _____。

🌱 **새로운 단어** ....

パン 빵 **実験**(じっけん) 실험 **ダイビング** 다이빙 **将来**(しょうらい) 장래, 미래 **~について** ~에 대해서

K-POP(ケー・ポップ) 케이팝

5 동사 て형 + いきます/きます

1) ～하고/해서 갑니다/옵니다

어떤 일을 하고나서 이동을 하는 것을 나타낸다.

▶예문

> 学校^{がっこう}へ行^いく前^{まえ}に、本屋^{ほんや}に寄^よっていきます。
> 牛肉^{ぎゅうにく}を買^かってきてください。
> 友^{とも}だちを連^つれていきます。

▶연습문제

> | 보기 | 昼^{ひる}ご飯・食^たべる → 昼ご飯を食べていきます/食べてきます。 |

① コピー・する → ＿＿＿＿＿＿＿＿＿／＿＿＿＿＿＿＿＿＿。

② 電話^{でんわ}・かける → ＿＿＿＿＿＿＿＿＿／＿＿＿＿＿＿＿＿＿。

③ 地下鉄^{ちかてつ}・乗^のる → ＿＿＿＿＿＿＿＿＿／＿＿＿＿＿＿＿＿＿。

🌱 **새로운 단어** ···

～屋(や) ～가게, ～집 (예) パン屋 빵가게 **寄る(よ「る)** 들르다 **牛肉(ぎゅ「うにく)** 쇠고기 **コ「ピー** 복사

連れる(つ「れる) 데리고 오다/가다

2) ~해집니다

변화를 나타내는 동사와 함께 사용되며 점진적인 변화를 나타낸다.

▶예문

これから新しい店が増えていくと思います。

大学生活に慣れてきました。

▶연습문제

보기　色・変わる・いく　➡　色が変わっていきます。
　　　猫・太る・くる　➡　猫が太ってきました。

① 子ども・減る・いく　　　➡　_____。

② 父の気持ち・わかる・くる　➡　_____。

🌱 **새로운 단어** ···

増える(ふ「え」る) 늘어나다　**大学生活**(だ「いがくせ「いかつ) 대학교 생활　**減る**(へ「る) 줄다

気持ち(き「もち) 마음, 기분　**変わる**(か「わる) 바뀌다,변화하다

応用練習

1 다음 그림을 보고 보기와 같이 회화문을 만드세요. Track 03-02

보기 1)

A どうしましたか。

B 電話番号が書いてあります。

電話番号(ばんごう)・書く・〜てある

①

A 机_{つくえ}の上_{うえ}に何_{なに}がありますか。

B _____。

パソコン・置く・〜てある

②

A 冷蔵庫_{れいぞうこ}のケーキを食べてもいいですか。

B _____。

私・食べる・〜てしまう

③

A 新_{あたら}しい靴_{くつ}はどこですか。

B _____。

玄関・出す・〜ておく

④

A 何を描いていますか。

B _____。

花_{はな}・描_かく・〜てみる

⑤

A コンビニで何を買いましたか。

B _____。

お菓子_{かし}・買う・〜てくる

🌱 새로운 단어 ....

電話番号(でんわばんごう) 전화번호

42

2 **학습 내용을 활용하여 자유롭게 문장을 만드세요.**

① ノートには ＿＿＿＿＿＿＿＿＿ が ＿＿＿＿＿＿＿＿＿ てあります。

② バッグの中に ＿＿＿＿＿＿＿＿＿ を ＿＿＿＿＿＿＿＿＿ ておきました。

③ 昨日は暇で ＿＿＿＿＿＿＿＿＿ に ＿＿＿＿＿＿＿＿＿ てみました。

④ 暑かったので ＿＿＿＿＿＿＿＿＿ を ＿＿＿＿＿＿＿＿＿ てしまいました。

⑤ ＿＿＿＿＿＿＿＿＿ てきてください。

3 **주어진 단락을 읽어 보세요.**

　台所に母からのメモが置いてありました。「ケーキを買って冷蔵庫に入れておいたよ」と書いてありました。ケーキを冷蔵庫から出して食べてみました。甘くておいしかったです。おいしすぎて全部食べてしまいました。最近、いろいろ食べすぎて少し太ってきているので、気をつけたいです。

4 **다음 한국어를 일본어로 고치세요.**

① 현관 문이 열려져 있었습니다. ＿＿＿＿＿＿＿＿＿＿＿＿。

② 휴대전화는 가방에 넣어 두었습니다. ＿＿＿＿＿＿＿＿＿＿＿＿。

③ 친구의 이야기도 들어 보았습니다. ＿＿＿＿＿＿＿＿＿＿＿＿。

④ 다나카 씨는 어딘가 가 버렸습니다. ＿＿＿＿＿＿＿＿＿＿＿＿。

⑤ 대학 생활에 점점 익숙해졌습니다. ＿＿＿＿＿＿＿＿＿＿＿＿。

🌱 **새로운 단어**

バッグ 백, 가방　台所(だいどころ) 부엌　いろいろ 여러가지

5 대화를 듣고 해당하는 그림을 고르세요.  Track 03-03

① (　　　) ② (　　　) ③ (　　　) ④ (　　　)

6 대화를 듣고 빈칸을 채우세요. Track 03-01

田中　誰からの電話でしたか。

キム　母からです。実は昨日の夜、兄が倒れて、病院に入院しています。

田中　えっ。大変ですね。

キム　仕事にだんだん慣れてきて、無理を＿＿＿＿＿＿＿＿＿…。

　　　今から病院に必要な物を＿＿＿＿＿＿＿＿なければなりません。

田中　午後の授業はどうしますか。

キム　欠席します。先生には昨日＿＿＿＿＿＿＿＿＿＿から、

　　　すみませんが、レポートを＿＿＿＿＿＿＿＿＿＿ください。

田中　わかりました。ちゃんと検査＿＿＿＿＿＿＿ほうがいいですよ。

キム　そうですね。兄に＿＿＿＿＿＿＿＿＿。

　　　じゃ、＿＿＿＿＿＿＿＿＿＿。

동사

1 그룹동사

- [ ] だす(出す)
- [ ] かくす(隠す)
- [ ] かざる(飾る)
- [ ] やる
- [ ] ひやす(冷やす)
- [ ] たく(炊く)
- [ ] もうしこむ(申し込む)
- [ ] へる(減る)

2그룹동사

- [ ] なれる(慣れる)
- [ ] つれる(連れる)
- [ ] ふえる(増える)
- [ ] よる(寄る)

3그룹동사

- [ ] にゅういんする(入院する)
- [ ] よういする(用意する)

ナ형용사

- [ ] ひつようだ(必要だ)

부사

- [ ] じつは(実は)
- [ ] だんだん
- [ ] どう
- [ ] いろいろ

명사

- [ ] むり(無理)
- [ ] けっせき(欠席)
- [ ] けんさ(検査)
- [ ] こくばん(黒板)
- [ ] げんかん(玄関)
- [ ] しょうがくきん(奨学金)
- [ ] パン
- [ ] じっけん(実験)
- [ ] ダイビング
- [ ] ケー・ポップ(K-POP)
- [ ] しょうらい(将来)
- [ ] ぎゅうにく(牛肉)
- [ ] だいがくせいかつ(大学生活)
- [ ] きもち(気持ち)
- [ ] でんわばんごう(電話番号)
- [ ] バッグ
- [ ] だいどころ(台所)
- [ ] コピー

기타

- [ ] ～から
- [ ] ～て、
- [ ] ～と
- [ ] どこか
- [ ] ～について
- [ ] ～や(～屋)

漢字練習 🖊

意	意	意			
い　　　用意					
院	院	院			
いん　　　入院					
電	電	電			
でん　　　電話					
持	持	持			
も　　　気持ち					
台	台	台			
だい　　　台所					
屋	屋	屋			
や　　　本屋					

カタカナ練習 🖊

ダイビング	ダイビング	
タクシー	タクシー	
ズボン	ズボン	

第
04
課

だんだん涼^{すず}しくなります。

학습목표

변화와 원인 · 이유, 목적 표현을 이해하고 사용할 수 있다.

학습문형

① だんだん涼^{すず}しくなります。 점점 선선해집니다.
② きれいな紅葉^{こうよう}を見^みながら散歩^{さんぽ}するのが一番^{いちばん}です。 아름다운 단풍을 보면서 산책하는 것이 최고입니다.
③ 時間制限^{じかんせいげん}のせいで、見^みることができませんでした。 시간제한 때문에 볼 수 없었습니다.
④ 自然^{しぜん}と建物^{たてもの}を守^{まも}るために、入^{はい}る時間^{じかん}が決^きまっています。
　　자연과 건물을 지키기 위해, 들어가는 시간이 정해져 있습니다.

학습포인트

① 명사 · ナ형용사 어간 + になります/イ형용사 어간 + くなります ～이/가 됩니다, ～해집니다
② 동사 기본형 + のが ～하는 것이
③ ～せいで ～ 때문에, ～ 탓에
④ 명사 + の · 동사 기본형 + ために ～기 위해서

다나카가 김연아와 함께 공원을 산책한다.

 Track 04-01

田中　やっと秋になりましたね。

キム　そうですね。日本の秋はどうですか。

田中　韓国と同じです。だんだん涼しくなります。山も赤や黄色になりますよ。

キム　秋にはきれいな紅葉を見ながら散歩するのが一番ですね。

田中　そうですね。おすすめの人気スポットはありますか。

キム　ソウルのチャンドックン・フウォン(昌徳宮・後苑)はどうですか。
　　　朝鮮時代の庭で、紅葉で有名なところですよ。

田中　そうですか。チャンドックンに行ったことがありますが、
　　　時間制限のせいで見ることができませんでした。

キム　それは残念でしたね。
　　　昔からの自然と建物を守るために、入る時間が決まっていますよね。
　　　でも、ぜひまた行ってみてください。本当にきれいですから。

🌱 **새로운 단어** ···

同じだ(お「なじだ) 같다　**涼しい**(す「ずし」い) 시원하다　**赤**(あ「か) 빨강　**黄色**(き「いろ) 노랑　**紅葉**(こ「うよう) 단풍

人気スポット(に「んきすぽ」っと) 인기 있는 장소　**チャ「ンドックン・フ」ウォン**(昌徳宮・後苑) 창덕궁 후원

朝鮮時代(ちょ「うせんじ」だい) 조선시대　**庭**(に「わ) 뜰, 정원　**時間制限**(じ「かんせ」いげん) 시간제한

残念だ(ざ「んね」んだ) 유감이다, 아쉽다　**自然**(し「ぜん) 자연　**守る**(ま「も」る) 지키다　**決まる**(き「まる) 정해지다

1 명사 · ナ형용사 어간＋になります/イ형용사 어간＋くなります
~이/가 됩니다, ~해집니다

사물의 성질 · 상태의 변화를 나타낸다.

例 先生 → 先生になります   大きい → 大きくなります
　 有名だ → 有名になります

▶예문

> 20歳になりました。
> 暑さに弱くなりました。
> 英語が上手になりました。

▶연습문제

| 보기 | 卒業後·勉強しない　→　卒業後、勉強しなくなりました。 |

① 外·暗い　　→ ＿＿＿＿＿＿＿＿＿＿＿＿＿＿＿＿＿。

② 今年·社会人　→ ＿＿＿＿＿＿＿＿＿＿＿＿＿＿＿＿＿。

③ 弟·まじめだ　→ ＿＿＿＿＿＿＿＿＿＿＿＿＿＿＿＿＿。

🌱 **새로운 단어** ··

暑さ(あ「つさ) 더위　**弱い(よ「わ」い)** 약하다　**卒業後(そ「つぎょうご)** 졸업 후　**暗い(く「らい)** 어둡다

社会人(しゃ「か」いじん) 사회인

2 동사 기본형 + のが ~하는 것이

형식명사 「の」는 다른 말에 붙어 뜻을 보충하거나 해당 단어를 명사로 만드는 역할을 한다.
동사 기본형 다음에 「~のが」를 붙이면 추상적인 동작이나 사건을 나타낼 수 있다.

예 寝る → 寝るのが

▶예문

> 週末には家で寝るのが一番です。
> 一人で映画を見るのが趣味です。
> 犬が水を飲んでいるのが見えます。

▶연습문제

보기 絵を描きます・下手です → 絵を描くのが下手です。

① 日本ではライン(LINE)を使います → ＿＿＿＿＿＿＿＿＿＿＿便利です。

② 一人になります → ＿＿＿＿＿＿＿＿＿一番怖いです。

③ 歌を歌います → ＿＿＿＿＿＿＿＿＿苦手です。

🌱 새로운 단어 ···

見える(み「え」る) 보이다 下手だ(へ「た」だ) 서투르다 ライン(LINE) 라인, 일본에서 주로 쓰이는 SNS

怖い(こ「わ」い) 무섭다

3 ～せいで ～때문에, ～ 탓에

「から」「ので」 등과 함께 '원인·이유'를 나타내는 기본 표현이다. 바람직하지 못한 '원인·이유'로 인해, 만족스럽지 못한 결과가 나타났을 때 사용한다.
명사+の, イ형용사 기본형, ナ형용사 어간+な, 동사 기본형, た형 등에 접속한다. 동사는 「～たせいで」로 쓰는 예가 많다.

例 たばこ → たばこのせいで　　　うるさい → うるさいせいで
不便だ → 不便なせいで　　　飲みすぎる → 飲みすぎたせいで

▶예문

たばこのせいで、のどが痛いです。

外がうるさいせいで、勉強できません。

交通が不便なせいで、よく学校に遅れます。

ちゃんと勉強しなかったせいで、試験に落ちました。

▶연습문제

보기　雪・電車が止まる　→　雪のせいで、電車が止まりました。

① 私のミス・チームが負ける　→ ＿＿＿＿＿＿＿＿＿＿＿＿＿＿。

② 目が悪い・よく見えない　→ ＿＿＿＿＿＿＿＿＿＿＿＿＿＿。

③ 甘いものが好きだ・歯が痛くなる

　　　→ ＿＿＿＿＿＿＿＿＿＿＿＿＿＿。

④ 朝寝坊する・授業に遅れる

　　　→ ＿＿＿＿＿＿＿＿＿＿＿＿＿＿。

🌱 새로운 단어 ……………………………………………………………………………………

落ちる(お「ち」る) 떨어지다　ミ「ス 실수　チ「ーム 팀　負ける(ま「ける) 지다, 패하다　目(め「) 눈

悪い(わ「る「い) 나쁘다　朝寝坊する(あ「さね「ぼうする) 늦잠자다

4 명사＋の·동사 기본형＋ために ～기 위해서

「～ために」는 뒷문장에서 이야기하는 행위의 '목적'을 나타낸다.

▶예문

けんこう まいにちうんどう
健康のために、毎日運動します。
じぶん
自分を守るために、うそをついてはいけません。
いもうと たんじょうび か
妹のために、誕生日プレゼントを買いました。

▶연습문제

せいせき あ
보기 成績を上げる → 成績を上げるために、がんばっています。

からだ あたた の
① 体を暖かくします → ＿＿＿＿＿＿＿＿＿＿、スープを飲みます。

しあい か まいにちれんしゅう
② 試合に勝ちます → ＿＿＿＿＿＿＿＿＿＿、毎日練習しています。

あたら ふく
③ デート → ＿＿＿＿＿＿＿＿＿＿、新しい服を買いました。

참고

「～ために」는 '원인·이유'를 나타낼 때도 사용한다. 「명사の ＋ ために」 또는 동사의 た형
에 접속한 「～たために」로 쓰는 예가 많다.

예 雪のために、電車が遅れました。
あめ ふ
雨が降ったために、とても寒くなりました。
いそが あそ
忙しくなったために、遊ぶ時間があまりありません。

🌱 새로운 단어 ....

健康(けﾞんこう) 건강 **自分**(じﾞぶん) 자기, 자신 **成績**(せﾞいせき) 성적 **上げる**(あﾞげる) 올리다

試合(しﾞあい) 시합 **勝つ**(かﾞつ) 이기다 **練習**(れﾞんしゅう) 연습

応用練習

1 다음 보기와 같이 회화문을 만드세요.

Track 04-02

 1)

_{やまだ} _{しょうせつか}
山田さん / 小説家

A <u>山田さん</u>は_{しょうらいなに}将来何になりたいですか。

B <u>小説家</u>になりたいです。

①
_{た なか} _{べん ご し}
田中さん / 弁護士

A ＿＿＿＿＿＿＿＿＿は将来何になりたいですか。

B ＿＿＿＿＿＿＿＿＿＿＿＿＿＿＿＿＿＿。

 2)
_{だれ} _{はな}
誰かが話しています

A 何が_き聞こえますか。

B 誰かが話しているのが聞こえます。

② _{かん じ} _{おぼ}
漢字を覚えます

A 何が_{むずか}難しいですか。

B ＿＿＿＿＿＿＿＿＿＿＿＿＿＿＿＿＿＿。

③ _{おんがく} _き
クラシック音楽を聞きます

A 何が好きですか。

B ＿＿＿＿＿＿＿＿＿＿＿＿＿＿＿＿＿＿。

④ 先生が_き来ます

A 何が見えますか。

B ＿＿＿＿＿＿＿＿＿＿＿＿＿＿＿＿＿＿。

🌱 **새로운 단어** ....

小説家(しょ「うせつか) 소설가 **弁護士**(べ「んご」し) 변호사 **誰か**(だ「れか) 누군가 **聞こえる**(き「こえる) 들리다

クラシック音楽(ク「ラシックお」んがく) 클래식 음악

応用練習

3

朝寝坊・遅れる

A どうして授業に遅れましたか。

B 朝寝坊のせいで、遅れました。

⑤

雨・滑る
_{すべ}

A どうしてケガをしましたか。

B ＿＿＿＿＿＿＿＿＿＿＿＿＿＿＿＿＿＿＿＿＿＿。

家族・料理を作る
_{か ぞく りょうり つく}

A 週末何をしますか。

B 家族のために、料理を作ります。

⑥ 公務員になる
_{こう む いん}
試験の勉強をする

A 夏休みに何をしますか。
_{なつやす}

B ＿＿＿＿＿＿＿＿＿＿＿＿＿＿＿＿＿＿＿＿。

⑦ 気分転換
_{き ぶんてんかん}
友だちとドライブに行く

A 土曜日に何をしますか。
_{ど よう び}

B ＿＿＿＿＿＿＿＿＿＿＿＿＿＿＿＿＿＿＿＿。

⑧ 経済の勉強をする
_{けいざい}
大学に来る
_{だいがく}

A 何のために大学に来ましたか。

B ＿＿＿＿＿＿＿＿＿＿＿＿＿＿＿＿＿＿＿＿。

🌱 새로운 단어 ···

滑る(す「べ」る) 미끄러지다 ケ「ガ」をする 다치다. 부상을 입다 気分転換(き「ぶんて」んかん) 기분전환

経済(け「いざい) 경제

2 학습 내용을 활용하여 자유롭게 문장을 만드세요.

① 大人になって ＿＿＿＿＿＿＿＿＿＿＿なりました。

② 一人で ＿＿＿＿＿＿＿＿＿＿＿のが好きです。

③ ＿＿＿＿＿＿＿＿＿＿せいで、＿＿＿＿＿＿＿＿＿＿＿＿＿＿＿＿＿。

④ ＿＿＿＿＿＿＿＿＿＿ために、＿＿＿＿＿＿＿＿＿＿＿＿＿＿＿＿＿。

3 주어진 단락을 읽어 보세요.

　　フウォン(後苑)はソウル市内にあります。自然がとても多いところです。秋には景色が赤や黄色になって、美しくなります。歴史が好きな人や、自然の中を歩くのが好きな人におすすめです。忙しい生活のせいで疲れている人も、元気になることができます。外国人のために、英語や日本語のツアーもあります。ゆっくり散歩しながら、自然や歴史を楽しんでください。

4 다음 한국어를 일본어로 고치세요.

① 밤이 돼서 조용해졌습니다. ＿＿＿＿＿＿＿＿＿＿＿＿＿＿＿＿＿＿＿＿＿。

② 좋은 회사에 들어가기 위해 분발(노력)하고 있습니다.

　　＿＿＿＿＿＿＿＿＿＿＿＿＿＿＿＿＿＿＿＿＿＿＿＿＿。

③ 친구와 게임을 하는 것이 취미입니다. ＿＿＿＿＿＿＿＿＿＿＿＿＿＿＿＿。

④ 더위 때문에(=탓에) 푹 쉬지 못했습니다. ＿＿＿＿＿＿＿＿＿＿＿＿＿＿＿。

🌱 **새로운 단어**

大人(お「とな) 어른, 성인　**市内(し「ない)** 시내　**美しい(う「つくし「い)** 아름답다　**ツアー** 투어

5 대화를 듣고 해당하는 그림을 고르세요.　⊙ Track 04-03

①

(　)　　　　(　)

②

(　)　　　　(　)

③

(　)　　　　(　)

④

(　)　　　　(　)

6 대화를 듣고 빈칸을 채우세요.　⊙ Track 04-01

田中	やっと＿＿＿＿＿＿＿＿＿＿＿＿＿＿＿＿。
キム	そうですね。日本の秋はどうですか。
田中	韓国と同じです。だんだん＿＿＿＿＿＿＿＿＿＿＿。
	山も赤や＿＿＿＿＿＿＿＿＿＿よ。
キム	秋にはきれいな紅葉を見ながら＿＿＿＿＿＿＿＿＿一番ですね。
田中	そうですね。おすすめの人気スポットはありますか。
キム	ソウルのチャンドックン・フウォン(昌徳宮・後苑)はどうですか。
	朝鮮時代の庭で、紅葉で有名なところですよ。
田中	そうですか。チャンドックンに行ったことがありますが、
	＿＿＿＿＿＿＿＿＿＿＿見ることができませんでした。
キム	それは残念でしたね。昔からの自然と建物を＿＿＿＿＿＿＿＿＿、
	入る時間が決まっていますよね。
	でも、ぜひまた行ってみてください。本当にきれいですから。

동사

1그룹 동사

- ☐ まもる(守る)
- ☐ きまる(決まる)
- ☐ かつ(勝つ)
- ☐ すべる(滑る)

2그룹 동사

- ☐ みえる(見える)
- ☐ おちる(落ちる)
- ☐ まける(負ける)
- ☐ あげる(上げる)
- ☐ きこえる(聞こえる)

3그룹 동사

- ☐ あさねぼうする(朝寝坊する)

ナ형용사

- ☐ おなじだ(同じだ)
- ☐ ざんねんだ(残念だ)
- ☐ へただ(下手だ)

イ형용사

- ☐ すずしい(涼しい)
- ☐ よわい(弱い)
- ☐ くらい(暗い)
- ☐ こわい(怖い)
- ☐ わるい(悪い)
- ☐ うつくしい(美しい)

명사

- ☐ あか(赤)
- ☐ きいろ(黄色)

- ☐ こうよう(紅葉)
- ☐ にんきスポット(人気スポット)
- ☐ ちょうせんじだい(朝鮮時代)
- ☐ にわ(庭)
- ☐ じかんせいげん(時間制限)
- ☐ しぜん(自然)
- ☐ あつさ(暑さ)
- ☐ そつぎょうご(卒業後)
- ☐ しゃかいじん(社会人)
- ☐ ライン(LINE)
- ☐ ミス
- ☐ チーム
- ☐ め(目)
- ☐ けんこう(健康)
- ☐ じぶん(自分)
- ☐ せいせき(成績)
- ☐ しあい(試合)
- ☐ れんしゅう(練習)
- ☐ しょうせつか(小説家)
- ☐ べんごし(弁護士)
- ☐ クラシックおんがく (クラシック音楽)
- ☐ きぶんてんかん(気分転換)
- ☐ けいざい(経済)
- ☐ おとな(大人)
- ☐ しない(市内)
- ☐ ツアー

기타

- ☐ ケガをする
- ☐ だれか(誰か)

漢字練習 ✏

悪	悪	悪			
わる(い)　悪い					
朝	朝	朝			
あさ　朝					
色	色	色			
いろ　黄色					
試	試	試			
し　試合					
社	社	社			
しゃ　社会					
自	自	自			
じ　自分					

カタカナ練習 ✏

スポット	スポット	
チーム	チーム	
ツアー	ツアー	

おいしい中華の店ができた
らしいです。

학습목표

추측할 때 사용하는 표현을 이해하고, 이를 활용할 수 있다.

학습문형

① 今にも雨が降りそうです。 지금이라도 비가 내릴 것 같습니다.
② おいしい中華の店ができたらしいです。 맛있는 중화요리집이 생겼다는 것 같습니다.
③ 人気があるようです。 인기가 있는가 봅니다.
④ たぶん大丈夫でしょう。 아마도 괜찮겠지요.

학습포인트

① ～そうです〈양태〉 ～ㄹ/을 것 같습니다, ～아/어 보입니다
② ～ようです ～(으)ㄴ/는 것 같습니다, ～(으)ㄴ/는가 봅니다
③ ～らしいです ～인 것 같습니다, ～라고 합니다
④ ～でしょう ～일 겁니다, ～겠지요

오전 수업을 마친 김연아와 다나카가 학교 정문을 나와 길을 걸으며 이야기를 나누고 있다.

🔘 Track 05-01

キム 急に空が暗くなってきましたね。今にも雨が降りそうです。

田中 でも、天気予報によると、午後から晴れるらしいですよ。

キム よかった。じゃ、たぶん大丈夫でしょう。

昼ご飯を食べに行きませんか。

田中 はい。私もお腹がすいてきました。どこにしましょうか。

キム 最近、駅の近くにおいしい中華の店ができたらしいです。

もう行ってみましたか。

田中 いいえ、まだです。でも、いつも人がたくさん並んでいますよね。

人気があるようですね。

キム じゃ、今から行きましょうか。

田中 そうしましょう。早く食べたいです。

🌱 **새로운 단어** ....

急に(き「ゅうに) 갑자기 今にも(い「まにも) 지금(당장) 이라도 天気予報(て「んきよ「ほう) 일기예보

〜によ「ると 〜에 의하면 晴れる(は「れ「る) (날씨가) 개다 お腹がすく(お「なかがす「く) 배가 고프다

中華の店(ちゅ「うかのみ「せ) 중화요리점 で「き「る 생기다, 잘하다, 가능하다 並ぶ(な「らぶ) 한 줄로 서다, 늘어서다

1 ~そうです〈양태〉 ~ㄹ/을 것 같습니다, ~아/어 보입니다

양태(様態)의 「~そうです」는 화자가 직접 눈으로 보고 내리는 판단이나, 금방이라도 일어
날 것 같은 상태로 보이는 경우와 같이 주로 시각적인 판단에 근거하여 추측하는 표현이다.

- 명사 : × (양태의 「~そうです」는 명사에 쓰지 않음)
- イ형용사 : 「어간+そうです」　　　예 おいしい → おいしそうです
　　　　　　 *예외 いい·よい → よさそうです　　 ない→なさそうだ
- ナ형용사 : 「어간+そうです」　　　예 便利だ → 便利そうです
- 동사 : 「ます형+そうです」　　　예 降る → 降りそうです

※양태의 「~そうです」는 과거형에 쓰지 않음.

▶예문

> 曇っていますね。もうすぐ雨が降りそうです。
> あの白いコートは暖かそうです。
> そのテーブルは丈夫そうです。

▶연습문제

> 보기　時間がかかる　→　時間がかかりそうです。

① 雨がやむ　　　　　　→ _____。

② 交通が不便だ　　　　→ _____。

③ このお菓子は甘い　→ _____。

④ 荷物が落ちる　　　　→ _____。

🌱 **새로운 단어** ··

曇る(く「も」る) (날씨가) 흐리다　も「うすぐ」 이제 곧　や「む」 그치다, 멈추다

2 ～ようです ～(으)ㄴ/는 것 같습니다, ～(으)ㄴ가/는가 봅니다

「～ようです」는 화자 자기 자신의 오감, 경험, 체험과 같은 주관적 근거에 의거하여 판단 추측할 때 사용하는 표현이다.

- 명사 : 「명사+の+ようです」　　　예 休み → 休みのようです
- イ형용사 : 「기본형+ようです」　　　예 おいしい → おいしいようです
- ナ형용사 : 「어간+な+ようです」　　예 便利だ → 便利なようです
- 동사 : 「기본형+ようです」　　　　예 降る → 降るようだ

※ 부정형, 과거형, 과거 부정형에도 접속

▶예문

> イさんは今、東京に着いたようです。
> キムさんはずいぶん忙しいようです。授業の後、急いで帰りましたから。
> 木村さんは辛い料理が好きなようです。
> 道が混んでいますね。事故のようです。

▶연습문제

> 보기　　キムさんは料理が上手です。　→　キムさんは料理が上手なようです。

① 鈴木さんはどこかに出かけています。

　　　　　　　　→ ＿＿＿＿＿＿＿＿＿＿＿＿＿＿＿＿＿＿＿。

② 外は風が強いです。　　　→ ＿＿＿＿＿＿＿＿＿＿＿＿＿＿＿。

③ イさんはコーヒーが嫌いです。→ ＿＿＿＿＿＿＿＿＿＿＿＿＿＿＿。

④ 土曜日は休みです。　　　　→ ＿＿＿＿＿＿＿＿＿＿＿＿＿＿＿。

🌱 새로운 단어 ……………………………………………………………………………………………………

東京(とうきょう) 도쿄　着く(つく) 도착하다　ずいぶん 꽤, 상당히　事故(じこ) 사고　出かける(でかける) 외출하다

3 ~らしいです ~인 것 같습니다, ~라고 합니다

「~らしいです」는 화자가 다른 사람에게 들은 내용이나 외부 정보(라디오, 텔레비전, 소문, 구체적인 사실 등) 를 바탕으로, 화자가 어느 정도의 근거를 가지고 추측할 때 사용한다.
즉,「~らしいです」는「~ようです」에 비해 객관적이지만 간접적으로 얻은 사실을 추측의 근거로 하는 표현이다.

- 명사+らしいです　　　　　　　예 休み → 休みらしいです
- イ형용사 :「기본형+らしいです」　예 おいしい → おいしいらしいです
- ナ형용사 :「어간+らしいです」　　예 便利だ → 便利らしいです
- 동사 :「기본형+らしいです」　　예 降る → 降るらしいです

※ 부정형, 과거형, 과거 부정형에도 접속

▶예문

> ニュースによると、ソウルで今年初めて雪が降ったらしいです。
> 明日はずっと忙しいらしいです。
> このカメラの使い方は簡単らしいですね。
> 今日の授業は休講らしいです。キムさんから聞きました。

▶연습문제

> 보기　来週、台風が来ます。　→　来週、台風が来るらしいです。

① 明日から暑くなります。　→ ＿＿＿＿＿＿＿＿＿＿＿＿＿＿＿。

② 今年の冬はとても寒いです。→ ＿＿＿＿＿＿＿＿＿＿＿＿＿＿＿。

③ この学校はサッカーで有名です → ＿＿＿＿＿＿＿＿＿＿＿＿＿＿＿。

④ キムさんのお姉さんは英語の先生です。

　　　　　→ ＿＿＿＿＿＿＿＿＿＿＿＿＿＿＿。

🌱 **새로운 단어** ···

初めて(は「じ」めて) 처음(으로)　使い方(つ「かいかた) 사용법

	～そうです	～ようです	～らしいです
판단 기준	지금이라도 실현 가능성이 있는 상태나 동작을 나타내며, 주로 시각적인 직감으로 추측	화자 자신의 감각적인(오감) 경험, 관찰에 의한 주관적인 근거에 의해 짐작하는 추측	주로 외부로부터 들은 이야기나 외부 정보와 같은 객관적인 근거를 바탕으로 추측
예문	この店のアイスクリームはおいしそうです。 (내가 이 가게 아이스크림을 보고)	この店のアイスクリームはおいしいようです。 (누군가가 맛있게 먹는 모습을 보고)	この店のアイスクリームはおいしいらしいです。 (누군가에게 맛있다는 이야기를 듣고)

참고

* 「～ようです」는 추측의 의미 외에 비유나 예시의 의미를 가지기도 하는데, 이것은 동사와 형용사도 사용 가능하지만 명사를 사용하는 경우가 많다.

예 田中さんは韓国語が上手で、まるで韓国人のようです。(비유)
昨年のような寒さは珍しかったです。(예시)

* 「～らしい」는 「명사 + らしい」의 형태로 '～답다'라는 의미를 가진 접미사적 용법으로 사용되기도 한다.

예 今日は夏らしい日ですね。

새로운 단어 ⋯⋯

アイスクリーム 아이스크림　まるで 마치　昨年(さくねん) 작년　寒さ(さむさ) 추위

珍しい(めずらしい) 드물다

4 ～でしょう ～일 겁니다, ～겠지요

「～でしょう」는 화자가 미래의 일이나 불확실한 일에 대하여 추측할 때 사용하는 표현이다. 보통체로는 「～だろう」를 사용한다.

- 명사 : 「명사+でしょう」　　　　예 休み → 休みでしょう
- イ형용사 : 「기본형+でしょう」　　예 おいしい → おいしいでしょう
- ナ형용사 : 「어간+でしょう」　　　예 便利だ → 便利でしょう
- 동사 : 「기본형+でしょう」　　　　예 降る → 降るでしょう

※ 부정형, 과거형, 과거 부정형에도 접속

▶예문

> 来月はきっと寒くなるでしょう。
> このマンションは高いでしょう。
> この授業は難しいので、テスト勉強は大変でしょう。
> あの歌手はたぶん日本人でしょう。

▶연습문제

> 보기　教室には誰もいません。　→　教室には誰もいないでしょう。

① この料理は辛いです。　→　＿＿＿＿＿＿＿＿＿＿＿＿＿＿。

② 山の中は静かです。　→　＿＿＿＿＿＿＿＿＿＿＿＿＿＿。

③ 今夜は雨です。　→　＿＿＿＿＿＿＿＿＿＿＿＿＿＿。

④ パクさんは合格します。　→　＿＿＿＿＿＿＿＿＿＿＿。

참고

「～でしょう」는 끝을 올려서 말하는 경우, 화자의 생각을 청자에게 확인할 때 사용하는 표현이 되기도 한다.

예　A : 金曜日の飲み会に行くでしょう。／
　　B : ええ、行きますよ。

🌱 새로운 단어 ……………………………………………………………………………

き「っと 꼭, 반드시　マ「ンション 아파트　今夜(こ「んや) 오늘 밤　合格する(ご「うかくする) 합격하다

1 다음 그림을 보고 보기와 같이 회화문을 만드세요. Track 05-02

1)

학교에 来ない

A 鈴木さんは、まだですか。

B 鈴木さんは今日、<u>学校に来ない</u>でしょう。

①

おもしろい

A これは新しいゲームですか。

＿＿＿＿＿＿＿＿＿＿＿そうですね。

B とてもおもしろいですよ。

②

花が好きだ

A 木村さんは花の写真ばかり撮っています。

＿＿＿＿＿＿＿＿＿＿＿ようです。

B 本当ですね。

③

ソウルに引っ越す

A キムさんは来週＿＿＿＿＿＿＿＿＿らしいです。

今朝、田中さんから聞きました。

B 知りませんでした。

④

Bチームが勝つ

A Bチームはとても強いから、

この試合は＿＿＿＿＿＿＿＿＿でしょう。

B 私もそう思います。

🌱 새로운 단어 ......

〜ばかり 〜만 **引っ越す(ひっこす)** 이사하다 **今朝(けさ)** 오늘 아침 **そう思う(そうおもう)** 그렇게 생각하다

66

2 아래의 각 번호 빈칸에 알맞은 말을 넣으세요.

품사	예시	そうです	ようです	らしいです	でしょう
명사	雨	×	①	雨らしいです	②
イ형용사	高い	③	高いようです	高いらしいです	④
ナ형용사	親切だ	親切そうです	⑤	⑥	親切でしょう
동사	ある	ありそうです	⑦	あるらしいです	あるでしょう

3 주어진 단락을 읽어 보세요.

寒くなってきて、風邪をひく人が多いようです。今日、パクさんは欠席でした。風邪で熱があるらしいです。イさんも顔色が悪くて、具合がよくなさそうでした。明日もきっと寒いでしょう。私も気をつけなければなりません。

4 다음 한국어를 일본어로 고치세요.

① 맛있는 중화요리점이 생겼다는 것 같습니다. _____。

② 당장이라도 비가 내릴 것 같습니다. _____。

③ 다음 달은 꼭 추워지겠지요. _____。

④ 기무라 씨는 매운 요리를 좋아하는가 봅니다.

_____。

⑤ 스즈키 씨는 오늘 학교에 오지 않을 겁니다.

_____。

🌱 **새로운 단어** ··

風邪をひく(か「ぜをひ「く) 감기에 걸리다 熱(ね「つ) 열 顔色(か「おいろ) 안색 具合(ぐ「あい) 형편, 상태

気をつける(き「をつけ「る) 조심하다, 주의하다

5 대화를 듣고 다음 문장의 내용과 일치하면 ○, 틀리면 ✕를 하세요.

Track 05-03

① 今、おいしいラーメンを食べています。（　　）

② このマンションは、便利だと思います。（　　）

③ パーティーはにぎやかだと思います。　（　　）

④ 田中さんは、前にコンサートの話を聞きました。（　　）

6 대화를 듣고 빈칸을 채우세요.

Track 05-01

キム	急に空が暗くなってきましたね。今にも雨が＿＿＿＿＿＿＿＿＿＿。
田中	でも、天気予報によると、午後から＿＿＿＿＿＿＿＿＿＿＿＿。
キム	よかった。じゃ、たぶん＿＿＿＿＿＿＿＿＿＿＿。 昼ご飯を食べに行きませんか。
田中	はい。私もお腹がすいてきました。どこにしましょうか。
キム	最近、駅の近くにおいしい中華の店が＿＿＿＿＿＿＿＿。 もう行ってみましたか。
田中	いいえ、まだです。でも、いつも人がたくさん並んでいますよね。 人気が＿＿＿＿＿＿＿＿。
キム	じゃ、今から行きましょうか。
田中	そうしましょう。早く食べたいです。

동사

1그룹동사

- ☐ ならぶ(並ぶ)
- ☐ くもる(曇る)
- ☐ やむ
- ☐ つく(着く)
- ☐ ひっこす(引っ越す)

2그룹동사

- ☐ はれる(晴れる)
- ☐ できる
- ☐ でかける(出かける)

3그룹동사

- ☐ ごうかくする(合格する)

イ형용사

- ☐ めずらしい(珍しい)

부사

- ☐ きゅうに(急に)
- ☐ いまにも(今にも)
- ☐ もうすぐ
- ☐ ずいぶん
- ☐ まるで
- ☐ はじめて(初めて)
- ☐ きっと

명사

- ☐ てんきよほう(天気予報)
- ☐ ちゅうかのみせ(中華の店)
- ☐ とうきょう(東京)
- ☐ じこ(事故)
- ☐ さくねん(昨年)
- ☐ さむさ(寒さ)
- ☐ つかいかた(使い方)
- ☐ アイスクリーム
- ☐ マンション
- ☐ こんや(今夜)
- ☐ けさ(今朝)
- ☐ かおいろ(顔色)
- ☐ ぐあい(具合)
- ☐ ねつ(熱)

기타

- ☐ ～によると
- ☐ おなかがすく(お腹がすく)
- ☐ ～ばかり
- ☐ そうおもう(そう思う)
- ☐ かぜをひく(風邪をひく)
- ☐ きをつける(気をつける)

漢字練習 🖉

着	着	着				
つ(く) ｜ 着く						
近	近	近				
きん ｜ 最近						
京	京	京				
きょう ｜ 東京						
使	使	使				
つか(う) ｜ 使い方						
店	店	店				
みせ ｜ 店						
年	年	年				
ねん ｜ 昨年						

カタカナ練習 🖉

アイスクリーム	アイスクリーム	
マンション	マンション	
チーム	チーム	

第
06
課

ギターが 弾(ひ)けます。

1. 동사 가능형을 사용한 문장을 이해할 수 있다.
2. 동사 가능형을 사용하여, 가능형의 상태변화를 표현할 수 있다.
3. 가능성이 낮은 추측과 강한 주관적 판단을 표현할 수 있다.

학습문형

1. **ギターが弾(ひ)けます。** 기타를 칠 수 있습니다.
2. **だんだん弾けるようになりました。** 점점 기타를 칠 수 있게 되었습니다.
3. **間違(まちが)っているかもしれません。** 틀렸을(잘못되었을)지도 모릅니다.
4. **田中(たなか)さんなら大丈夫(だいじょうぶ)なはずです。** 다나카 씨라면 괜찮을 것입니다.

학습포인트

1. 동사 가능형 ~을(를) 할 수 있습니다
2. 동사 가능형 + ようになります/なくなります ~할 수 있게 됩니다/~할 수 없게 됩니다
3. ~かもしれません ~일지도 모릅니다
4. ~はずです ~일 겁니다

会話

김연아가 다나카와 특기에 관하여 이야기하고 있다.

 Track 06-01

田中 キムさん、何か得意なことがありますか。

キム 私はピアノが弾けます。小学生のときから習っています。
　　 田中さんは何か楽器が演奏できますか。

田中 ピアノは 弾けませんが、ギターが弾けます。

キム ギターですか。難しそうですね。

田中 最初は難しかったですが、 だんだん弾けるようになりました。

キム 練習しつづけるのが大事ですね。

田中 そうですね。韓国語も、毎日勉強して話せるようになってきました。

キム ハングルも書けますか。

田中 はい。でも、難しい単語はときどき間違っているかもしれません。
　　 今度のテストが心配です。

キム がんばってください。大丈夫なはずですよ。

🌱 **새로운 단어** ....

こと 일, 것　**小学生**(しょうがくせい) 초등학생　とき 때　**楽器**(がっき) 악기

演奏する(えんそうする) 연주하다　**最初**(さいしょ) 처음　**大事だ**(だいじだ) 소중하다　ハングル 한글

単語(たんご) 단어　ときどき 가끔, 때때로　**間違う**(まちがう) 틀리다, 잘못되다　**心配だ**(しんぱいだ) 걱정이다

☑ 동사 가능형

1그룹동사 : [-u] → [-e] + る [예] 飛ぶ → 飛べる   直す → 直せる

2그룹동사 : [ru] + られる [예] 信じる → 信じられる   答える → 答えられる

3그룹동사 : [예] 来る → 来られる   する → *できる

가능형 연습문제

歌う		読む		寝る	
書く		飛ぶ		答える	
泳ぐ		走る		来る	
話す		見る		する	
勝つ		信じる		運転する	

참고

「명사 + ができる」는 가능의 표현으로 '~를 할 줄 안다'의 의미와 함께 '~를 잘 한다, ~이 가능하다'의 의미로도 사용된다.

[예] 機械の修理ができます。
    通訳ができます。

「동사의 기본형 + ことができる」는 동사의 가능형과 같은 가능의 표현이다.

[예] 自転車に乗ることができます。
    料理を作ることができます。

※ STEP1-13과 참고

🌱 **새로운 단어** ··

飛ぶ(と「ぶ) 날다 信じる(し「んじ「る) 믿다 答える(こ「たえ「る) 답하다 直す(な「お「す) 고치다

機械(き「か「い) 기계 修理(しゅ「うり) 수리 通訳(つ「うやく) 통역

1 동사 가능형 ~을(를)할 수 있습니다

동사의 가능 형태를 나타나며 '가능동사'라고 하기도 한다. 타동사가 가능형태로 전환되면
자동사로 바뀌고, '~을 · 를'에 해당하는 목적격조사 「を」가 「が」로 바뀐다.

※ 모두 2그룹 동사로 활용한다.

  [예] 飛ぶ(1그룹) → 飛べる(2그룹) → 飛べます

▶예문

空を飛ぶ → 空が飛べます。

質問に答える → 質問に答えられます

たばこをやめない → たばこがやめられません

▶연습문제

[보기]　お酒を飲む　→　お酒が飲めます。

① おもしろいテレビ番組を見る　→ ＿＿＿＿＿＿＿＿＿＿＿＿＿＿＿＿＿。

② ご飯を炊く　　　　　　　　　→ ＿＿＿＿＿＿＿＿＿＿＿＿＿＿＿＿＿。

③ 明日午前10時に来る　　　　　→ ＿＿＿＿＿＿＿＿＿＿＿＿＿＿＿＿＿。

[보기]　ベトナム語を話す　→　ベトナム語が話せません。

④ その話を信じる　　　　　　　→ ＿＿＿＿＿＿＿＿＿＿＿＿＿＿＿＿＿。

⑤ 楽器を演奏する　　　　　　　→ ＿＿＿＿＿＿＿＿＿＿＿＿＿＿＿＿＿。

⑥ オンラインでこの品物を買う　→ ＿＿＿＿＿＿＿＿＿＿＿＿＿＿＿＿＿。

🌱 **새로운 단어** ··

質問(し「つもん) 질문　**や「める** 그만두다　**ベトナム語**(ベ「トナムご) 베트남어　**番組**(ば「んぐみ) 프로그램

オ「ンラ「イン 온라인

2 동사 가능형 + ようになります/なくなります ～할 수 있게 됩니다 / ～할 수 없게 됩니다

가능동사의 상태 변화로써 불가능했던 것이 가능하게 되었음을 나타낸다.
부정형을 활용하면 가능했던 것이 불가능하게 되었음을 나타낸다.

예 見る → 見られる → 見られるようになります。

飲む → 飲める → 飲めない → 飲めなくなります

▶예문

日本語の新聞が読めるようになりました。

ギターがだんだん弾けるようになりました。

疲れて、早く起きられなくなりました。

太ったので、ズボンがはけなくなりました。

▶연습문제

보기　　ドイツ語を話す　→　ドイツ語が話せるようになりました。

① 自転車に乗る　　　→ ＿＿＿＿＿＿＿＿＿＿＿＿＿＿＿＿＿＿＿。

② キムチを漬ける　　→ ＿＿＿＿＿＿＿＿＿＿＿＿＿＿＿＿＿＿＿。

③ 運転をする　　　　→ ＿＿＿＿＿＿＿＿＿＿＿＿＿＿＿＿＿＿＿。

보기　　山に登る　→　山に登れなくなりました。

④ 旅行に行く　　　　→ ＿＿＿＿＿＿＿＿＿＿＿＿＿＿＿＿＿＿＿。

⑤ 恋人に会う　　　　→ ＿＿＿＿＿＿＿＿＿＿＿＿＿＿＿＿＿＿＿。

⑥ 辛いものを食べる　→ ＿＿＿＿＿＿＿＿＿＿＿＿＿＿＿＿＿＿＿。

🌱 **새로운 단어**

ドイツ語(ド「イツご) 독일어　恋人(こ「いびと) 애인

3 ～かもしれません ～일지도 모릅니다

말하는 사람의 추측을 나타내며 내용의 사실여부의 가능성이 낮을 경우에 사용된다.
동사 기본형, イ형용사 기본형, 명사, ナ형용사 어간 등에 접속한다.

> **예** 医者 → 医者かもしれません　　　寒い → 寒いかもしれません
>
> 親切だ → 親切かもしれません　　　行く → 行くかもしれません

▶예문

> オさんは今日欠席かもしれません。
>
> この料理は辛いかもしれません。
>
> 明日は暇かもしれません。
>
> 雨が降るかもしれません。

▶연습문제

> **보기**　今日・行く　➡　今日は行くかもしれません。

① あの背の高い人・音楽の先生

　➡ _____。

② 私の作った料理・おいしくない

　➡ _____。

③ ソンさん・車の運転・上手だ

　➡ _____。

④ 10年後・結婚している

　➡ _____。

🌱 **새로운 단어** ···

背(せ) 키　～年(ねん) ~년　～後(ご) ~후, 뒤

76

4 ～はずです ～일 겁니다

「구체적인 한정어구 + はず」로 확실한 추측 및 강한 주관적 판단을 나타내며 '당연히 ～할 (일) 것'의 의미를 나타낸다. 동사 기본형, イ형용사 기본형, 명사+の, ナ형용사 어간+な 등에 접속한다.

예 医者 → 医者のはずです　　　　　　寒い → 寒いはずです
　　親切だ → 親切なはずです　　　　　行く → 行くはずです

▶예문

ここの料理はおいしいはずです。
この教科書は簡単なはずです。
オーストラリアは今、夏のはずです。
飛行機はまだ着いていないはずです。

▶연습문제

보기　尾崎さん・もうすぐ来る　→　尾崎さんはもうすぐ来るはずです。

① 明日・晴れる　　　　　→ _____。

② あの人・字が上手だ　　→ _____。

③ この本・おもしろい　　→ _____。

④ チョさん・高校生だ　　→ _____。

🌱 **새로운 단어** ··

オ「ーストラ」リア 호주　飛行機(ひ「こ」うき) 비행기

応用練習

1 다음 그림을 보고 보기와 같이 회화문을 만드세요.　　◎ Track 06-02

 1)

なっとう・食べる
納豆・食べる

A 納豆が食べられますか。

B はい、食べられます。

いいえ、食べられません。

---

①
たんご・こおぼ
単語・100個覚える

A 1日に＿＿＿＿＿＿＿＿＿＿＿＿＿＿＿＿＿＿。

B いいえ、＿＿＿＿＿＿＿＿＿＿＿＿＿＿＿＿。

②
かんじ
キムさん・漢字・書く

A ＿＿＿＿＿＿＿＿＿＿＿＿＿＿＿＿＿＿＿＿。

B はい、＿＿＿＿＿＿＿＿＿＿＿＿＿＿＿。

③
この歌・歌う

A ＿＿＿＿＿＿＿＿＿＿＿＿＿＿＿＿＿＿＿＿。

B はい、＿＿＿＿＿＿＿＿＿＿＿＿＿＿＿。

④
みせ
この店・お酒・飲む

A ＿＿＿＿＿＿＿＿＿＿＿＿＿＿＿＿＿＿＿＿。

B はい、＿＿＿＿＿＿＿＿＿＿＿＿＿＿＿。

⑤
もんだい　りかい
この問題・理解する

A ＿＿＿＿＿＿＿＿＿＿＿＿＿＿＿＿＿＿＿＿。

B いいえ、＿＿＿＿＿＿＿＿＿＿＿＿＿＿＿。

🌱 새로운 단어 ....

納豆(な「っと¬う) 낫토　**問題(も「んだい)** 문제　**理解する(り¬かいする)** 이해하다

2 학습내용을 활용하여 자유롭게 문장을 만드세요.

① 私は日本語の漢字が _____。

② 大学生_{だいがくせい}になって、_____ようになりました。

③ 今夜_{こんや}は _____かもしれません。

④ 明日は _____はずです。

3 주어진 단락을 읽어 보세요.

私の趣味_{しゅみ}はゲームです。今は、世界中_{せかいじゅう}の人たちとオンラインで一緒_{いっしょ}に遊_{あそ}べます。友_{とも}だちもたくさんできました。最近_{さいきん}、日本人_{にほんじん}と一緒にプレイしているので、日本語も話せるようになりました。将来_{しょうらい}、他_{ほか}の外国語_{がいこくご}もできるようになるかもしれません。そろそろ日本人の友だちがログインするはずです。一緒にゲームをするのが楽_{たの}しみです。

4 다음 한국어를 일본어로 고치세요.

① 일본어 신문을 읽을 수 있습니다. _____。

② 다나카 씨는 피아노를 칠 수 있습니다. _____。

③ 영어를 말 할 수 있게 되었습니다. _____。

④ 여동생은 오늘 올 수 없을지도 모른다. _____。

⑤ 내일은 맑을 것 입니다. _____。

🌱 **새로운 단어** ··

世界中(せ⌐かいじゅう) 전 세계　**プ⌐レ⌐イ** 플레이　**外国語(が⌐いこくご)** 외국어　**そ⌐ろそろ** 슬슬　**ロ⌐グ⌐イン** 로그인

5 대화를 듣고 할 수 있으면 ○, 할 수 없으면 ✕를 하세요. 🎧 Track 06-03

①	②	③	④
	おはよう	新聞	
テニスをする	外国語を話す	日本語の新聞を読む	ギターを弾く
(　　)	(　　)	(　　)	(　　)

6 대화를 듣고 빈칸을 채우세요. 🎧 Track 06-01

田中	キムさん、何か得意なことがありますか。
キム	私は＿＿＿＿＿＿＿＿＿＿。
	小学生のときから習っています。
	田中さんは何か楽器が演奏できますか。
田中	ピアノは＿＿＿＿＿＿＿＿＿、ギターが弾けます。
キム	ギターですか。難しそうですね。
田中	最初は難しかったですが、だんだん＿＿＿＿＿＿＿＿＿。
キム	練習しつづけるのが大事ですね。
田中	そうですね。
	韓国語も毎日勉強して＿＿＿＿＿＿＿＿＿＿＿＿。
キム	ハングルも、書けますか。
田中	はい。でも、難しい単語はときどき＿＿＿＿＿＿＿＿＿＿。
	今度のテストが心配です。
キム	がんばってください。＿＿＿＿＿＿＿＿＿よ。

동사

1그룹동사
- ☐ まちがう(間違う)
- ☐ とぶ(飛ぶ)
- ☐ なおす(直す)

2그룹동사
- ☐ しんじる(信じる)
- ☐ こたえる(答える)
- ☐ やめる

3그룹동사
- ☐ えんそうする(演奏する)
- ☐ りかいする(理解する)

ナ형용사
- ☐ だいじだ(大事だ)
- ☐ しんぱいだ(心配だ)

부사
- ☐ ときどき
- ☐ そろそろ

명사
- ☐ こと
- ☐ しょうがくせい(小学生)
- ☐ とき

- ☐ がっき(楽器)
- ☐ ハングル
- ☐ たんご(単語)
- ☐ さいしょ(最初)
- ☐ きかい(機械)
- ☐ しゅうり(修理)
- ☐ つうやく(通訳)
- ☐ しつもん(質問)
- ☐ ベトナムご(ベトナム語)
- ☐ ばんぐみ(番組)
- ☐ オンライン
- ☐ ドイツご(ドイツ語)
- ☐ こいびと(恋人)
- ☐ せ(背)
- ☐ オーストラリア
- ☐ ひこうき(飛行機)
- ☐ なっとう(納豆)
- ☐ もんだい(問題)
- ☐ せかいじゅう(世界中)
- ☐ プレイ
- ☐ がいこくご(外国語)
- ☐ ログイン

기타
- ☐ 〜ご(後)

漢字練習

演	演	演			
えん　演奏					
心	心	心			
しん　心配					
答	答	答			
こた(える)　答える					
問	問	問			
もん　質問					
世	世	世			
せ　世界					
界	界	界			
かい　世界					

カタカナ練習

ドイツ	ドイツ	
プレイ	プレイ	
ログイン	ログイン	

第
07
課

らいしゅう　　　　こくさいえい が さい
来週から国際映画祭だそうです。

학습목표

다른 사람으로부터 들은 내용을 그대로 전할 수 있다.

학습문형

① 来週から国際映画祭だそうです。다음주부터 국제영화제라고 합니다.
② 釜山大学は学食がおいしいと聞きました。부산대학교는 학생식당이 맛있다고 들었습니다.
③ チケットは完売したと言いました。티켓은 완매되었다고 했습니다.
④ 頭が痛くて行けなかったんです。머리가 아파서 못갔습니다.
⑤ チケットを買った人しか入れません。티켓을 산 사람밖에 참가 하지 않습니다.

학습포인트

① 보통형 ＋ そうです〈전문〉 ~라고 합니다
② 보통형 ＋ と聞きます ~고 듣습니다
③ ~と言います ~고 합니다
④ ~んです ~인 것입니다
⑤ 명사 (＋ 조사)しか ～ません 밖에 ~없습니다

부산대학교 학생식당에서 다나카와 김연아가 밥을 먹으며 이야기를 나누고 있다.  Track 07-01

田中 釜山大学は学食がおいしいと聞きましたが、

うわさ通り、本当においしいですね。

日本には「学食がおいしい大学ランキング」があるんですよ。

韓国にはありませんか。

キム さあ、よくわかりません。でも、釜山大学も絶対入るでしょうね。

ところで、来週から国際映画祭だそうですよ。

田中 そうですね。去年は頭が痛くて行けなかったんです。

今年は開幕式を見に行って、有名な俳優たちを見てみたいです。

キム ニュースでは開幕式のチケットは完売したと言っていましたよ。

田中 うそ、まだチケットを買っていなかったんですが…。

キム 残念ですね。開幕式はチケットを買った人しか入れませんから…。

田中 急に食欲がなくなりました。泣きたいです。

🌱 **새로운 단어** ....

う「わさ 소문　**~通り(ど「おり)** ~대로　ラ「ンキング 랭킹, 순위　さ「あ 글쎄　**絶対(ぜ「ったい)** 절대

国際映画祭(こ「くさいえいが「さい) 국제영화제　**開幕式(か「いまく「しき)** 개막식　**完売する(か「んばいする)** 완매하다

食欲(しょ「くよく) 식욕　**泣く(な「く)** 울다

1 보통형 + そうです〈전문〉~라고 합니다

전문(伝聞)의「そうだ」는 다른 사람으로부터 들은 것을 그대로 전하는 표현이다.

▶예문

来週から国際映画祭だそうです。
先輩(せんぱい)の話(はなし)では、今学期(こんがっき)の授業(じゅぎょう)はとても役(やく)に立(た)つそうです。
日本は地震(じしん)が多(おお)いそうです。
母(はは)は若(わか)いとき、歌手(かしゅ)になりたかったそうです。

▶연습문제

보기 日本語(ご)の授業はおもしろいです。 → 日本語の授業はおもしろいそうです。

① 新(あたら)しい図書館(としょかん)はとても立派(りっぱ)です。

→ _____。

② 明日(あした)は雨(あめ)が降(ふ)ります。

→ _____。

③ キムさんの彼氏(かれし)は日本人(じん)です。

→ _____。

🌱 **새로운 단어** ···

今学期(こ「んが「っき) 이번 학기　**役に立つ**(や「く「にたつ) 도움이 되다　**地震**(じ「しん) 지진

立派(り「っぱ) だ 훌륭하다　**彼氏**(か「れし) 남자친구　**若い**(わ「か「い) 젊다

다른 사람으로부터 들은 것을 이야기할 때 쓰인다.

▶예문

釜山大学は学食がおいしいと聞きました。
後輩から、昨日の講義はとてもよかったと聞きました。
友だちに、先生の趣味はバレーボールだと聞きました。

▶연습문제

| 보기 | 日本語の先生は親切です。　→　日本語の先生は親切だと聞きました。 |

① あそこのランチは高いです。→ _____。

② 明日から寒くなります。　→ _____。

③ 期末テストの範囲は、まだわかりません。

　　　　　　→ _____。

🌱 **새로운 단어** ···

後輩(こ「うはい) 후배 **講義(こ「うぎ)** 강의 **バ「レーボ「ール** 배구 **ラ「ンチ** 점심 식사, 런치

期末テスト(き「まつテ「スト) 기말고사 **範囲(は「んい)** 범위

3 ～と言^いいます ～고 합니다

다른 사람으로부터 전해 들은 것을 이야기할 때 쓰인다. 기본적으로는 보통형과 접속하지만 다른 사람의 말을 「　」로 표시하며 직접 인용할 수도 있다.

▶예문

> 先生が、来週の授業は休講^{きゅうこう}だと言いました。
> 天気予報^{てんきよほう}では、週末^{しゅうまつ}に台風^{たいふう}が来^くると言っていました。
> 店長^{てんちょう}が「この皿^{さら}は割^われやすいので、気^きをつけてください」と言いました。

▶연습문제

> 보기　先月^{せんげつ}の試験^{しけん}は合格^{ごうかく}しました。　➡　先月の試験は合格したと言いました。

① お腹^{なか}が痛^{いた}いです。　➡　_____。

② 準備^{じゅんび}ができました。　➡　_____。

③ その質問^{しつもん}には先生が答^{こた}えます。

　　　　　　　　　　➡　_____。

🌱 **새로운 단어** ....

割れる(わ「れる) 깨지다　**準備ができる(じゅ「んびがで「き」る)** 준비가 되다

4 ～んです ～인 것입니다

앞의 문장이나 발화를 둘러싸는 상황과의 관련을 짓는 것을 나타내는 용법이다.
(이유, 설명, 바꿔 말함, 발견, 강조 등) 모든 품사의 보통형에 접속할 수 있지만 명사는
「명사＋なんです」ナ형용사는 「어간＋なんです」의 형태가 된다.

예 学生 ➡ 学生なんです　　　　　　暑い ➡ 暑いんです

　　行く ➡ 行くんです　　　　　　便利だ ➡ 便利なんです

▶예문

Ａ：どうして来なかったんですか。
Ｂ：頭が痛くて行けなかったんです。
Ａ：学生さんですか。
Ｂ：私は今日卒業したので、明日からは学生じゃないんです。

▶연습문제

보기	あさっては私の誕生日です。　➡　あさっては私の誕生日なんです。

① 学校までの交通は便利です。 ➡ _____。

② よくわかりません。 ➡ _____。

③ 今週は土曜日も学校に行きますか。

　　　　　　　　　➡ _____。

④ ゆうべは早く寝ました ➡ _____。

🌱 새로운 단어 ······································

ど「うして 왜　あ「さっ」て 모레　ゆ「うべ 어제 저녁

88

5 명사(+조사) + しか～ません 밖에 ～없습니다

「しか」는 선행하는 단어를 강조하여, 다른 해당되는 것이 없다는 것을 뜻하는 '한정'의 의미를 나타내는 부조사이다. 항상 부정 표현과 함께 쓰인다.

▶예문

この餅は、ここにしかない珍しい食べ物です。
田中さんしかお見舞いに来ませんでした。
この映画は18歳からしか見られません。

▶연습문제

| 보기 | 中国語・勉強・します。 → 中国語しか勉強しません。 |

① 水・飲みます → _____。

② シャープペン・持っています → _____。

③ メール・送ります → _____。

🌱 **새로운 단어** ···

餅(も「ち) 떡　**お見舞い(お「みまい)** 병문안　**シャ「ープペン** 샤프펜(シャープペンシル 샤프 펜슬의 줄임말)

応用練習

1 다음 그림을 보고 보기와 같이 회화문을 만드세요.

◎ Track 07-02

 1)

友だち
・
ご飯<small>はん</small>を食べる

A チェさんは週末<small>しゅうまつ</small>何<small>なに</small>をしたと言いましたか。

B <u>友だちとご飯を食べた</u>そうです。

①

映画館<small>かん</small>
・
映画を見る

A パクさんは週末何をしたと言いましたか。

B ＿＿＿＿＿＿＿＿＿＿＿＿＿＿＿＿＿＿＿。

②

夜<small>よる</small>まで勉強する

A 大西<small>おおにし</small>さんは週末何をしたと言いましたか。

B ＿＿＿＿＿＿＿＿＿＿＿＿＿＿＿＿＿＿＿。

③

プール・泳<small>およ</small>ぐ

A 伊藤<small>いとう</small>さんは週末何をしたと言いましたか。

B ＿＿＿＿＿＿＿＿＿＿＿＿＿＿＿＿＿＿＿。

보기 2)

のどが痛くて
声<small>こえ</small>が出ません

A どうしたんですか。

B <u>のどが痛くて声が出ない</u>んです。

④

頭が痛いです

A どうしたんですか。

B ＿＿＿＿＿＿＿＿＿＿＿＿＿＿＿＿＿＿＿。

⑤

財布<small>さいふ</small>をなくしました

A どうしたんですか。

B ＿＿＿＿＿＿＿＿＿＿＿＿＿＿＿＿＿＿＿。

⑥

虫<small>むし</small>がいます

A どうしたんですか。

B ＿＿＿＿＿＿＿＿＿＿＿＿＿＿＿＿＿＿＿。

🌱 새로운 단어 ……………………………………………………………………………

な「くす 잃다　虫(む「し) 벌레

2 학습내용을 활용하여 자유롭게 문장을 만드세요.

① ニュースによると、明日は＿＿＿＿＿＿＿＿＿＿そうです。

② 日本は＿＿＿＿＿＿＿＿＿と聞きました。

③ 私は、＿＿＿＿＿＿＿＿＿しか＿＿＿＿＿＿＿＿＿ません。

3 주어진 단락을 읽어 보세요.

ニュースによると、来週は寒い日が続くそうです。韓国の北の地域はすでに雪が降っていると聞きました。ソウルに住んでいる友だちは、釜山のほうが風が強くて、もっと寒いだろうと言います。でも釜山は、雪があまり降りません。気温もソウルのほうが低いはずです。それに、私は釜山にしか友だちがいないので、ソウルよりは、釜山で暮らしたいです。

4 다음 한국어를 일본어로 고치세요.

① 친구는 머리가 아파서 못 온다고 합니다. ＿＿＿＿＿＿＿＿＿＿＿＿＿＿＿＿＿。

② 도쿄는 교통이 편리하다고 들었습니다. ＿＿＿＿＿＿＿＿＿＿＿＿＿＿＿。

③ 선배가 이 수업은 도움이 된다고 했습니다. ＿＿＿＿＿＿＿＿＿＿＿＿＿＿。

④ 지갑을 잃어버린 것입니다. ＿＿＿＿＿＿＿＿＿＿＿＿。

⑤ 샤프펜밖에 가지고 있지 않습니다. ＿＿＿＿＿＿＿＿＿＿＿＿。

🌱 **새로운 단어** ....

続く(つ「づく) 계속되다 **北(き「た)** 북쪽 **地域(ち「いき)** 지역 **す「でに** 이미, 벌써 **気温(き「おん)** 기온

低い(ひ「く「い) 낮다 **暮らす(く「らす)** 살다

5 대화를 듣고 내용과 일치하면 ○, 틀리면 X를 하세요.　　◎ Track 07-03

① このパンはおいしいそうです。（　　）

② キムさんは忙しいそうです。　（　　）

③ 2人は12時に会うそうです。　（　　）

④ 大西さんはチケットを持っているそうです。（　　）

6 대화를 듣고 빈칸을 채우세요.　　◎ Track 07-01

田中　　釜山大学は学食が＿＿＿＿＿＿＿＿＿＿＿＿＿＿、

　　　　うわさ通り、本当においしいですね。

　　　　日本には「学食がおいしい大学ランキング」が

　　　　＿＿＿＿＿＿＿＿＿＿＿よ。韓国にはありませんか。

キム　　さあ、よくわかりません。でも、釜山大学も絶対入るでしょうね。

　　　　ところで、来週から＿＿＿＿＿＿＿＿＿＿＿＿。

田中　　そうですね。去年は頭が痛くて＿＿＿＿＿＿＿＿＿。

　　　　今年は開幕式を見に行って、有名な俳優たちを見てみたいです。

キム　　ニュースでは開幕式のチケットは完売した＿＿＿＿＿＿＿＿＿。

田中　　うそ、まだチケット買っていなかったんですが…。

キム　　残念ですね。

　　　　開幕式はチケットを買った＿＿＿＿＿＿＿＿＿＿＿＿から…。

田中　　急に食欲がなくなりました。泣きたいです。

동사

1그룹동사
- [ ] なく(泣く)
- [ ] なくす
- [ ] つづく(続く)
- [ ] くらす(暮らす)

2그룹동사
- [ ] われる(割れる)

3그룹동사
- [ ] かんばいする(完売する)

ナ형용사
- [ ] りっぱだ(立派だ)

イ형용사
- [ ] わかい(若い)
- [ ] ひくい(低い)

부사
- [ ] ぜったい(絶対)
- [ ] すでに

명사
- [ ] うわさ
- [ ] ランキング
- [ ] こくさいえいがさい(国際映画祭)
- [ ] かいまくしき(開幕式)

- [ ] しょくよく(食欲)
- [ ] こんがっき(今学期)
- [ ] じしん(地震)
- [ ] かれし(彼氏)
- [ ] こうはい(後輩)
- [ ] こうぎ(講義)
- [ ] バレーボール
- [ ] ランチ
- [ ] きまつテスト(期末テスト)
- [ ] はんい(範囲)
- [ ] あさって
- [ ] ゆうべ
- [ ] もち(餅)
- [ ] おみまい(お見舞い)
- [ ] シャープペン
- [ ] むし(虫)
- [ ] きた(北)
- [ ] ちいき(地域)
- [ ] きおん(気温)

기타
- [ ] ～どおり(～通り)
- [ ] さあ
- [ ] やくにたつ(役に立つ)
- [ ] じゅんびができる
  (準備ができる)
- [ ] どうして

漢字練習

気		気	気			
き　　気温						
売		売	売			
ばい　　完売						
地		地	地			
じ　　地震						
後		後	後			
こう　　後輩						
北		北	北			
きた　　北						
食		食	食			
しょく　　食欲						

カタカナ練習

ランキング	ランキング	
シャープペン	シャープペン	
ランチ	ランチ	

スキーを習^{なら}うつもりです。

다나카와 김연아는 겨울방학 계획에 대해 이야기하고 있다.

Track 08-01

田中 キムさん、今度の冬休みに何をする予定ですか。

キム 冬休みには、スキーを習うつもりです。

田中 いいですね。

私もスキーができませんから、習ってみたいです。

キム それじゃ、一緒に行きませんか。

田中 本当ですか。一緒に行ってもいいですか。

キム もちろんです。行きましょう。

田中 楽しみにしています。

ところで、キムさんはスキー用品を持っていますか。

キム いいえ。でもせっかくですから、スキーウェアは買おうと思います。

田中 そうですか。でも、高そうですね。

私はレンタルすることにします。

🪴 **새로운 단어** ·····

そ「れじゃ 그러면 **楽しみにする**(た「のし」みにする) 기대하다 **スキー用品**(ス「キーよ」うひん) 스키용품

せ「っかく 모처럼, 애써 ス「キーウェ」ア 스키복 レ」ンタル 렌털, 임대

96

1 동사 의지형 ～(よ)う ～해야지, ～하자

자신의 의지를 다지거나 상대에게 권유하는 표현이다.

※～합시다 ➡ ～ましょう ※STEP1-9과 참고

1그룹동사 : [-u] → [-o] +う　　　예 行く ➡ 行こう　　　買う ➡ 買おう

2그룹동사 : [ru] + よう　　　예 起きる ➡ 起きよう　　寝る ➡ 寝よう

3그룹동사 :　　　　　　　　　　예 来る ➡ 来よう　　　する ➡ しよう

▶예문

> 日本語で手紙を書こう。
> ダイエットは明日から始めよう。
> テストだから一生懸命勉強しよう。

▶연습문제

| 보기 | プール・泳ぐ　➡　<u>プールで泳ごう。</u> |

① 友だち・話す　　➡　_____。

② ご飯・食べる　　➡　_____。

③ また・ここに来る　➡　_____。

🌱 **새로운 단어** ....

ダイエット 다이어트　一生懸命(いっしょうけんめい) 열심히

2 동사 의지형 + と思います ～려고 생각합니다

자신의 의지나 계획을 표현할 때 쓰인다.

▶예문

今度の夏休みは、日本に行こうと思います。

明日から、朝早く起きようと思います。

毎日1時間ずつ、散歩しようと思っています。

▶연습문제

보기 日曜日・山に登る → 日曜日に山に登ろうと思います。

① 公園・弟と遊ぶ → _____。

② 両親・電話をかける → _____。

③ 12月・日本語能力試験を受ける

　　　　　　　　　　　　　→ _____。

④ 土曜日・好きな人に告白する

　　　　　　　　　　　　　→ _____。

🌱 새로운 단어 ··

～ずつ ～씩 日本語能力試験(に「ほんごのうりょくし」けん) 일본어능력시험

受ける(う「け」る) (시험을)보다, (수업을) 듣다 告白する(こ「くはくする) 고백하다

3 동사 기본형/ない형＋つもりです ～할/～하지 않을 생각입니다

확실하지 않은 주관적인 생각이나 계획을 표현한다.

▶예문

将来、エンジニアになるつもりです。
留学生に韓国語を教えるつもりです。
歴史の研究をするために、大学院に行くつもりです。

▶연습문제

| 보기 | 本・読む → 本を読むつもりです/読まないつもりです。 |

① ラジオ・聞く　　→ _____。

② 映画・見る　　→ _____。

③ 部屋・掃除する　→ _____。

④ アルバイト・する → _____。

🌱 **새로운 단어** ....

エ「ンジ「ニア 엔지니어　**教える(お「しえる)** 가르치다　**研究(け「んきゅう)** 연구　**大学院(だ「いがく「いん)** 대학원

4 동사 기본형/ない형 ＋ 予定<ruby>よてい</ruby>です ～할/～하지 않을 예정입니다

확정적인 계획이나 예정을 표현한다.

▶예문

> いつ北京<ruby>ペキン</ruby>に行く予定ですか。
> 旅館<ruby>りょかん</ruby>に泊<ruby>と</ruby>まる予定です。
> 会議<ruby>かいぎ</ruby>に出席<ruby>しゅっせき</ruby>しない予定です。

▶연습문제

> **보기** ピアノ・習う(○) → <u>ピアノを習う予定です。</u>
>
> その授業<ruby>じゅぎょう</ruby>・受<ruby>う</ruby>ける(×) → <u>その授業は受けない予定です。</u>

① 来週<ruby>らいしゅう</ruby>・実家<ruby>じっか</ruby>に帰<ruby>かえ</ruby>る(○) → ＿＿＿＿＿＿＿＿＿＿＿＿＿＿＿。

② ボランティア・参加<ruby>さんか</ruby>する(○) → ＿＿＿＿＿＿＿＿＿＿＿＿＿＿＿。

③ そこ・行く(×) → ＿＿＿＿＿＿＿＿＿＿＿＿＿＿＿。

④ 明日の午後<ruby>ごご</ruby>・家<ruby>いえ</ruby>にいる(×) → ＿＿＿＿＿＿＿＿＿＿＿＿＿＿＿。

🌱 **새로운 단어** ....

北京(ペ「キン) 북경(지명) **旅館(りょ「かん)** 여관 **泊まる(と「まる)** 머무르다, 숙박하다 **会議(か「いぎ)** 회의

出席する(しゅ「っせきする) 출석하다 **実家(じ「っか)** 본가, 친정 **ボ「ランティア** 자원 봉사(자)

5 동사 기본형/ない형 + ことにします ~기로/~않기로 하겠습니다

자신의 의지나 판단에 따라 주관적으로 결정한 사실을 표현한다.

▶예문

毎週日曜日には運動することにします。
別れた彼女とは、もう会わないことにします。
健康のために、お酒をやめることにします。

▶연습문제

보기
寝る前・本・読む(○)　→　寝る前に本を読むことにします。
来年・就職する(×)　→　来年は就職しないことにします。

① 毎日・牛乳・飲む(○)　→　_____。

② 週一回・掃除・する(○)　→　_____。

③ これから・たばこ・吸う(×)　→　_____。

④ 今・アルバイト・やめる(×)　→　_____。

참고

동사의 기본형/ない형 +ことになりました '~게/~않게 되었습니다'
상황에 의해 정해진 사실을 표현한다.

예 会社をやめることにしました。다음 주부터 회사를 그만두기로 했습니다.

(자신의 의지로 사직한 경우)

会社をやめることになりました。다음 주부터 회사를 그만두게 되었습니다.

(상황에 의해 사직하게 된 경우)

🌱 새로운 단어 ....

別れる(わ「かれ「る) 헤어지다　も「う 이제　就職する(しゅ「うしょくする) 취직하다　牛乳(ぎゅ「うにゅう) 우유

1 다음 그림을 보고 보기와 같이 회화문을 만드세요.　　　 ⓞ Track 08-02

보기 1)

りょこう
旅行・行く

A 週末に何をする予定ですか。

B <u>旅行に行こうと思います。</u>

①
山・登る

A 土曜日に何をする予定ですか。

B _____。

②
えい が
映画・見る

A 友だちと何をする予定ですか。

B _____。

③
本・読む

A 午後は何をする予定ですか。

B _____。

④
スキー・する

A 休日は何をする予定ですか。

B _____。

2 **학습내용을 활용하여 자유롭게 문장을 만드세요.**

① 日曜日には ＿＿＿＿＿＿＿＿＿＿＿と思います。

② 毎日単語を ＿＿＿＿＿＿＿＿＿＿ずつ ＿＿＿＿＿＿＿＿＿＿つもりです。

③ 3時に ＿＿＿＿＿＿＿＿＿＿予定です。

④ ＿＿＿＿＿＿＿＿＿＿から ＿＿＿＿＿＿＿＿＿＿ことにします。

3 **주어진 단락을 읽어 보세요.**

　来週の日曜日は彼女の誕生日なので、彼女と会う予定です。化粧品をプレゼントしようと思います。それに、彼女の好きなケーキとワインも買うつもりです。これから人気のレストランを予約しようと思います。彼女の喜ぶ顔が見たいので、その日の計画はまだ教えないことにします。来週を楽しみにしています。

4 **다음 한국어를 일본어로 고치세요.**

① 다이어트는 내일부터 해야지.　＿＿＿＿＿＿＿＿＿＿＿＿＿＿＿＿＿＿。

② 비가 와서 전철을 타고 돌아가려고 생각합니다.　＿＿＿＿＿＿＿＿＿＿＿＿。

③ 토요일에 친구와 영화를 볼 생각입니다.　＿＿＿＿＿＿＿＿＿＿＿＿。

④ 12월에 일본어능력시험을 칠 예정입니다.　＿＿＿＿＿＿＿＿＿＿＿。

⑤ 내일부터 아르바이트를 하기로 했습니다.　＿＿＿＿＿＿＿＿＿＿＿。

🌱 **새로운 단어** ---

化粧品(け「しょうひん) 화장품　**喜ぶ(よ「ろこ」ぶ)** 기뻐하다　**計画(け「いかく)** 계획

5 대화를 듣고 해당하는 그림을 고르세요.　◎ Track 08-03

① (　　　)　　② (　　　)　　③ (　　　)　　④ (　　　)

6 대화를 듣고 빈칸을 채우세요.　◎ Track 08-01

田中　キムさん、今度の冬休みに＿＿＿＿＿＿＿＿＿＿＿＿＿＿＿＿＿。

キム　冬休みには、スキーを＿＿＿＿＿＿＿＿＿＿＿＿＿＿＿＿。

田中　いいですね。

　　　私もスキーができませんから、習ってみたいです。

キム　それじゃ、一緒に行きませんか。

田中　本当ですか。一緒に行ってもいいですか。

キム　＿＿＿＿＿＿＿＿＿＿＿。行きましょう。

田中　＿＿＿＿＿＿＿＿＿＿＿＿＿＿＿＿。

　　　ところで、キムさんはスキー用品を持っていますか。

キム　いいえ。でもせっかくですから、スキーウェアは

　　　＿＿＿＿＿＿＿＿＿＿＿＿＿＿＿＿＿＿＿。

田中　そうですか。でも、高そうですね。

　　　私は＿＿＿＿＿＿＿＿＿＿＿＿＿＿＿＿。

単語チェック

동사

1그룹동사

☐ とまる(泊まる)

☐ よろこぶ(喜ぶ)

2그룹동사

☐ おしえる(教える)

☐ うける(受ける)

☐ わかれる(別れる)

3그룹동사

☐ こくはくする(告白する)

☐ しゅっせきする(出席する)

☐ しゅうしょくする(就職する)

부사

☐ せっかく

☐ いっしょうけんめい(一生懸命)

☐ もう

명사

☐ スキーようひん(スキー用品)

☐ スキーウェア

☐ レンタル

☐ ダイエット

☐ にほんごのうりょくしけん

  (日本語能力試験)

☐ エンジニア

☐ けんきゅう(研究)

☐ だいがくいん(大学院)

☐ ペキン(北京)

☐ りょかん(旅館)

☐ かいぎ(会議)

☐ じっか(実家)

☐ ボランティア

☐ ぎゅうにゅう(牛乳)

☐ けしょうひん(化粧品)

☐ けいかく(計画)

기타

☐ それじゃ

☐ たのしみにする(楽しみにする)

☐ ～ずつ

漢字練習 ✏

別	別	別			
わか(れる)　別れる					
用	用	用			
よう　用品					
予	予	予			
よ　予定					
定	定	定			
てい　予定					
受	受	受			
う(ける)　受ける					
泊	泊	泊			
と(まる)　泊まる					

カタカナ練習 ✏

レンタル	レンタル	
スキーウェア	スキーウェア	
ダイエット	ダイエット	

よかったら、一緒に行きませんか。

학습목표

가정과 조건의 표현을 이해하고 사용할 수 있다.

학습문형

1. よかったら、一緒に行きませんか。괜찮으면 같이 가지 않겠어요?
2. チャガルチ駅で降りると、BIFF広場があります。자갈치역에서 내리면 BIFF 광장이 있습니다.
3. 釜山なら、やはりチャガルチ市場ですね。부산하면 역시 자갈치시장이지요.
4. 地下鉄に乗れば近いですよ。지하철을 타면 가깝습니다.

학습포인트

1. 〜たら 〜하면, 〜라면, 〜더니
2. 〜と 〜하면
3. 〜なら 〜한다면, 〜라면
4. 가정형 : 〜ば/なら 〜하면

김연아와 다나카가 부산 관광을 계획하고 있다.

🔘 Track 09-01

田中 　釜山を観光したいんですが、どこがいいでしょうか。

キム 　釜山なら、やはりチャガルチ市場ですね。
　　　近くには釜山国際映画祭で有名なBIFF広場もありますよ。

田中 　釜山大学からは、どうやって行きますか。

キム 　地下鉄に乗れば近いですよ。
　　　1号線に乗って、チャガルチ駅で降りると、BIFF広場があります。

田中 　そうですか。海雲台にある映画の殿堂も人気スポットだと聞きました。

キム 　よく知っていますね。他にも、おすすめはいろいろありますよ。
　　　ダイヤモンドブリッジがある広安里、千年の歴史を持つ梵魚寺など、
　　　見どころがとても多いです。

田中 　そうですね。まず、BIFF広場に行ってみます。

キム 　よかったら、今度の週末に一緒に行きませんか。

田中 　本当ですか。一緒に行けたらうれしいです。

🌱 **새로운 단어** ·····

広場(ひ「ろば) 광장　**ど「うやって** 어떻게(해서)　**降りる(お「り「る)** 내리다　**殿堂(で「んどう)** 전당　**他に(ほ「かに)** 이외에

ダ「イヤモンドブリ「ッジ 다이아몬드 브리지　**広安里(カ「ンア「ンリ)** 광안리　**千年(せ「んねん)** 천년　**梵魚寺(ポ「モ「サ)**

범어사　**～な「ど** ～등　**見どころ(み「どころ)** 볼거리, 볼만한 곳　**よ「かったら** 괜찮으면　**う「れし「い** 즐겁고 기쁘다

文法·文型練習

1 ～たら ～하면, ～라면, ～더니

동사, イ형용사, ナ형용사, 명사의 과거형에 「ら」가 접속하여 개별적, 일시적이거나 특정적
인 사항을 나타낸다. 표현의 제약이 적어 의뢰, 권유, 희망, 의지 등 회화에서 자주 사용된다.

例 雨 ➡ 雨だったら   大きい ➡ 大きかったら

元気だ ➡ 元気だったら   行く ➡ 行ったら

▶예문

> メールを読んだら、返事をください。
>
> よくわからなかったら、手をあげてください。
>
> だめだったら、他の方法を考えてみます。
>
> 私だったら、絶対話しませんね。

▶연습문제

보기 田中さんに会う

　　　➡　田中さんに会ったら、伝えてください。

① 決まる　　　➡ ＿＿＿＿＿＿＿＿＿＿＿連絡します。

② 聞こえない　➡ ＿＿＿＿＿＿＿＿＿＿＿もう一度説明します。

③ いい　　　　➡ ＿＿＿＿＿＿＿＿＿＿＿食べてみてください。

④ 心配だ　　　➡ ＿＿＿＿＿＿＿＿＿＿＿電話してください。

⑤ 明日、晴れ　➡ ＿＿＿＿＿＿＿＿＿＿＿山に登りましょう。

🌱 새로운 단어 ....

手をあげる(て「をあ「げる) 손을 올리다 **だ「め」だ** 안되다 **方法(ほ「うほう)** 방법 **伝える(つ「たえる)** 전하다

もう一度(も「ういちど) 다시 한 번

2 ～と ～하면

동사, イ형용사, ナ형용사의 기본형, 명사+だ에 접속하여 가정 조건, 당연한 법칙, 자연현상, 습관 등을 나타낸다. 전후의 문장 사이에 인과관계가 존재한다.

예 雨 → 雨だと   大きい → 大きいと

元気だ → 元気だと   行く → 行くと

▶예문

夏になると、暑くなります。
急がないと、間に合いません。
部屋が静かだと、よく勉強できます。
18歳以上じゃないと、見られません。

▶연습문제

보기   まっすぐ行く・駅がある → まっすぐ行くと、駅があります。

① スイッチを押す・水が出る → ＿＿＿＿＿＿＿＿＿＿＿＿＿＿＿＿。

② ご飯の量が少ない・お腹がすく → ＿＿＿＿＿＿＿＿＿＿＿＿＿。

③ 店員が親切だ・うれしい → ＿＿＿＿＿＿＿＿＿＿＿＿＿＿＿。

④ 50点以上だ・合格だ → ＿＿＿＿＿＿＿＿＿＿＿＿＿＿＿＿。

참고

「と」와「たら」는 시간적인 전후관계의 계승을 나타내기도 한다.

예 起きたら、もう12時だった。(앞 문장의 동작에 따른 귀결)

起きると、もう12時だった。(무의지적인 결과)

🌱 새로운 단어 ···

間に合う(ま「にあ¬う) 시간에 맞추다 **以上(い「じょう)** 이상 **ス¬イッチ** 스위치 **押す(お¬す)** 누르다

量(りょ¬う) 양, 분량 **点(て¬ん)** 점, 점수

3 ～なら ～한다면, ～라면

명사, 동사, イ형용사의 기본형, ナ형용사의 어간에 접속하여 상대방이 말한 것이나 상황을
받아서 화자의 조언, 판단, 희망, 의지 등을 나타낸다.

예 雨 ➡ 雨なら   大きい ➡ 大きいなら
元気だ ➡ 元気なら   行く ➡ 行くなら

▶예문

田中さんが家に帰るなら、私も帰ります。
寒いなら、上着を着てください。
交通が不便なら、別のところにしましょう。
釜山なら、やっぱり海ですね。

▶연습문제

보기 その話・もう聞いた ➡ その話なら、もう聞きました。

① 海雲台に行く・バスが便利だ ➡ ＿＿＿＿＿＿＿＿＿＿＿＿。

② やめたい・やめればいい ➡ ＿＿＿＿＿＿＿＿＿＿＿＿。

③ 嫌だ・一緒に行かなくてもいい ➡ ＿＿＿＿＿＿＿＿＿＿＿。

④ そういう話・聞きたくない ➡ ＿＿＿＿＿＿＿＿＿＿＿＿。

⑤ いい物・売れる   ➡ ＿＿＿＿＿＿＿＿＿＿＿＿。

🌱 새로운 단어

上着(うわぎ) 겉옷, 윗옷, 상의 嫌だ(いやだ) 싫다 そういう 그런 売れる(うれる) 팔리다, 세간에 인기가 있다

4 가정형 : ~ば/なら ~하면

가정형은 가정 및 조건, 일반적인 법칙, 속담 등을 나타낸다.

1그룹동사 : [u] → [e] + ば   예 行く → 行けば、飲む → 飲めば

2그룹동사 : [ru] → れば   예 見る → 見れば、食べる → 食べれば

3그룹동사   예 来る → 来れば、する → すれば

イ형용사 : 어간 + ければ   예 大きい → 大きければ、 *いい・よい → よければ

ナ형용사 : 어간 + なら(ば)   예 元気だ → 元気なら(ば)

명사 : 명사 + なら(ば)   예 雨 → 雨なら(ば)

가정형 연습문제

買う		降りる		小さい	
押す		食べる		寒い	
読む		勉強する		きれいだ	
曲がる		持ってくる		学生だ	

▶예문

地下鉄で行けば速いはずです。
大学に入れればいいなあ。
明日天気がよければ、海へ行きましょう。
好きなら(ば)、告白したほうがいいと思います。

 새로운 단어 ···

曲がる(ま「がる) 돌다, 방향을 바꾸다

▶연습문제

> [보기] 雨が降る・ピクニックを中止する
>
> → 雨が降れば、ピクニックは中止します。

① 先生に聞く・すぐにわかる → _____。

② 薬を飲む・治る → _____。

③ 値段が安い・買う → _____。

④ 問題が簡単だ・いい点が取れる → _____。

⑤ 勉強する・難しくない → _____。

[참고]

- ~ば~ほど: ~하면 ~할수록
  [예] この本は、読めば読むほどおもしろい。

- ~と言えば: ~로 말하면(전제적 조건)
  [예] 釜山と言えば、やっぱり海が一番でしょう。

〈~たら / ~と / ~なら / ~ば〉

품사	예시	~たら	~と	~なら	~ば
명사	雨	雨だったら	雨だと	雨なら	雨なら(ば)
イ형용사	大きい	大きかったら	大きいと	大きいなら	大きければ
ナ형용사	元気だ	元気だったら	元気だと	元気なら	元気なら(ば)
동사	行く	行ったら	行くと	行くなら	行けば

🌱 **새로운 단어** ··

ピクニック 피크닉, 소풍　中止する(ちゅうしする) 중지하다　治る(なおる) 낫다

点を取る(てんをとる) 점수를 따다

応用練習

Track 09-02

1 다음 그림을 보고 보기와 같이 회화문을 만드세요.

보기

1)
角を曲がる

A 図書館はどこですか。

B この角を曲がると、左にあります。

①
赤いかばん

A かばんはどこにありますか。

B _____なら、机の上にあります。

②
機会がある

A 何がしたいですか。

B _____ば、海外旅行をしたいです。

③
大学院に行きたい

A 大学院に行きたいんですが。

B _____なら、もっとがんばってください。

④
暇だ

A 明日_____たら、映画を見ようと思います。

B じゃあ、一緒に見に行きませんか。

⑤
食べない

A 食欲がないんです。

B _____と、病気になりますよ。

⑥
終わる

A いつまで勉強しますか。

B _____たら、言います。

⑦
ボタンを押す

A どうしたらお湯が出ますか。

B この_____と、出ます。

🌱 새로운 단어 ··

角(かˈど) 모퉁이, 귀퉁이, 구석 **機会(きˈかˈい)** 기회 **ボˈタン** 버튼 **お湯(おˈゆ)** 뜨거운 물

2 다음의 (　　　)에 と, なら, たら, ば를 넣어 문장을 만드세요.

① トンネルを抜ける(　　　)、雪国だった。

② めがねをかけなけれ(　　　)、字が見えません。

③ お金を拾っ(　　　)、すぐ交番に届けたほうがいいです。

④ 食べたくない(　　　)、もう食べなくてもいいです。

⑤ ちりも積もれ(　　　)、山となる。

3 주어진 단락을 읽어 보세요.

　戦争のない世界になればいいと思います。テレビで戦争のニュースを見ると、悲しくなります。世界中の人々が、毎日明るく、元気に暮らせたらいいです。戦争をなくしたいなら、他の人への感謝の気持ちを忘れてはいけないと思います。みんながそんな気持ちを持っていたら、もっといい世界を作ることができると、私は信じています。

4 다음 한국어를 일본어로 고치세요.

① 왼쪽으로 가면 은행이 있습니다. (「～と」사용) ＿＿＿＿＿＿＿＿＿＿。

② 근처에 오면 바로 전화주세요. ＿＿＿＿＿＿＿＿＿＿。

③ 서울에 간다면 KTX가 가장 편리합니다. ＿＿＿＿＿＿＿＿＿＿。

④ 약을 먹으면 낫습니다. (가정형 사용) ＿＿＿＿＿＿＿＿＿＿。

🌱 **새로운 단어**

ト「ンネル 터널　抜ける(ぬ「ける) 빠져나오다　雪国(ゆ「き「ぐに) 눈이 많이 오는 지방　拾う(ひ「ろう) 줍다

交番(こ「うばん) 파출소　届ける(と「どける) 보내다, 신고하다　ち「り 먼지, 티끌　積もる(つ「も「る) 쌓이다

～となる ～이/가 되다　戦争(せ「んそう) 전쟁　な「くす 없애다　感謝(か「んしゃ) 감사

5 대화를 듣고 내용과 일치하면 ○, 틀리면 ✕를 하세요.　　　◎ Track 09-03

① 先生の研究室に4時に行きます。（　　　）
② 冬休みに東京へ旅行に行くのがおすすめです。（　　　）
③ 田中さんは車を持っています。（　　　）
④ お湯は、青いボタンを押すと出ます。（　　　）

6 대화를 듣고 빈칸을 채우세요.　　　◎ Track 09-01

田中	釜山を観光したいんですが、どこがいいでしょうか。
キム	＿＿＿＿＿＿＿＿＿、やはりチャガルチ市場ですね。
	近くには釜山国際映画祭で有名なBIFF広場もありますよ。
田中	釜山大学からは、どうやって行きますか。
キム	＿＿＿＿＿＿＿＿＿＿＿ですよ。
	1号線に乗って、チャガルチ駅で＿＿＿＿＿＿＿＿＿、
	BIFF広場があります。
田中	そうですか。
	海雲台にある映画の殿堂も人気スポットだと聞きました。
キム	よく知っていますね。
	＿＿＿＿＿＿＿＿＿、おすすめはいろいろありますよ。
	ダイアモンドブリッジがある広安里、千年の歴史を持つ
	梵魚寺＿＿＿＿＿＿＿＿＿、見どころがとても多いです。
田中	そうですね。まず、BIFF広場に行ってみます。
キム	＿＿＿＿＿＿＿＿＿、今度の週末に一緒に行きませんか。
田中	本当ですか。＿＿＿＿＿＿＿＿＿うれしいです。

単語チェック

동사

1그룹 동사
- ☐ まにあう(間に合う)
- ☐ おす(押す)
- ☐ まがる(曲がる)
- ☐ なおる(治る)
- ☐ ひろう(拾う)
- ☐ つもる(積もる)
- ☐ なくす

2그룹 동사
- ☐ おりる(降りる)
- ☐ つたえる(伝える)
- ☐ うれる(売れる)
- ☐ ぬける(抜ける)
- ☐ とどける(届ける)

3그룹 동사
- ☐ ちゅうしする(中止する)
- ☐ こくはくする(告白する)

ナ형용사
- ☐ だめだ
- ☐ いやだ(嫌だ)

イ형용사
- ☐ うれしい

명사
- ☐ ひろば(広場)
- ☐ でんどう(殿堂)
- ☐ ダイヤモンドブリッジ

- ☐ せんねん(千年)
- ☐ みどころ(見どころ)
- ☐ ほうほう(方法)
- ☐ いじょう(以上)
- ☐ スイッチ
- ☐ りょう(量)
- ☐ てん(点)
- ☐ うわぎ(上着)
- ☐ ピクニック
- ☐ かど(角)
- ☐ きかい(機会)
- ☐ ボタン
- ☐ おゆ(お湯)
- ☐ トンネル
- ☐ ゆきぐに(雪国)
- ☐ こうばん(交番)
- ☐ ちり
- ☐ せんそう(戦争)
- ☐ かんしゃ(感謝)

기타
- ☐ どうやって
- ☐ ほかに(他に)
- ☐ ～など
- ☐ よかったら
- ☐ てをあげる(手を挙げる)
- ☐ もういちど（もう一度）
- ☐ そういう
- ☐ てんをとる(点を取る)
- ☐ ～となる

漢字練習 🖊

堂	堂	堂				
どう　　殿堂						
以	以	以				
い　　以上						
手	手	手				
て　　手						
雪	雪	雪				
ゆき　　雪						
降	降	降				
ふ(る)　　降る						
点	点	点				
てん　　点						

カタカナ練習 🖊

ダイヤモンド	ダイヤモンド	
ブリッジ	ブリッジ	
ピクニック	ピクニック	

プレゼントは何をあげますか。

학습목표

사물을 주고받는 것을 나타내는 수수(授受)표현, あげる(〜てあげる) · くれる(〜てくれる) · もらう
(〜てもらう)를 상황에 맞게 표현할 수 있다.

학습문형

1 **私は田中さんに本をあげました。** 나는 다나카씨에게 책을 주었습니다.

2 **田中さんは私に本をくれました。** 다나카씨는 나에게 책을 주었습니다.

3 **私は田中さんに本をもらいました。** 나는 다나카씨에게 책을 받았습니다.

학습포인트

1 **あげます/동사て형＋あげます** 다른 사람에게 〜을 줍니다/〜해 줍니다

2 **くれます/동사て형＋くれます** 나 · 우리에게 〜을 줍니다/〜해 줍니다

3 **もらいます/동사て형＋もらいます** 다른 사람에게 〜을 받습니다/다른 사람이〜해 줍니다

Track 10-01

김연아와 다나카는 친구인 박해나의 생일파티에 갔다.

田中 キムさん、先月の私の誕生日には、本をくれましたよね。

パクさんへのプレゼントは、何をあげますか。

キム 映画のチケットをプレゼントしようと思っています。田中さんは？

田中 パクさんは日本の化粧品が好きだと聞いて、

日本の母にリップを送ってもらいました。

キム そうですか。きっと喜びますよ。

ーパクさんの家でー

田中 パクさん、誕生日おめでとうございます。これ、どうぞ。

パク わあ、うれしいです。ありがとうございます。

田中 喜んでくれてよかったです。いつも助けてもらっていますから。

パク さあ、母がいろいろ作ってくれたので、たくさん食べていってください。

田中 すごいごちそうですね。じゃ、いただきます！

🌱 새로운 단어 ···

リップ 립스틱　お「めでとうござ」います 축하합니다　ど「うぞ 부디, 어서　わあ 와, 아이구　助ける(た「すけ」る) 돕다

さ「あ 자, 어서　ご「ちそう 호화로운 요리　い「ただきま」す 잘 먹겠습니다.

文法·文型練習

▣ 수수표현

일본어의 대표적인 수수표현인 「あげる·くれる · もらう」의 차이점을 이해하기 위해서는
다음의 3가지 관점이 중요하다.

1) 등장인물의 친소관계 : 나>우리>타인 / 나·우리>타인
   ※우리=가족이나 자신이 속한 그룹
2) 방향 : 누구에게서 누구에게로 사물이 이동하는가
3) 시점 : 누구를 기준으로 이야기 하는가

1. 「あげる」: A(나·우리)는 B(타인)에게 ~을 주다
   　　　　　A(타인)는 B(타인)에게 ~을 주다

> A: 주는 사람
> B: 받는 사람

　예　私は田中さんに本をあげました。　　　（私→田中さん）

　　　キムさんは田中さんに本をあげました。（キムさん→田中さん）

2. 「くれる」: A(타인)는 B(나·우리)에게 ~을 주다

　예　田中さんは私に本をくれました。（田中さん→ 私）

3. 「もらう」: B(나·우리)는 A(타인)에게 ~을 받다
   　　　　　B(타인)는 A(타인)에게 ~을 받다

　예　私は田中さんに本をもらいました。　　　（私←田中さん）

　　　田中さんはキムさんに本をもらいました。（田中さん←キムさん）

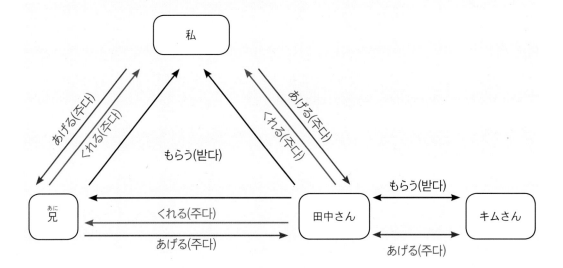

1 **あげます/동사て형 + あげます** 다른 사람에게 ~을 줍니다/~해 줍니다

「あげる」는 다른 사람에게 '주다'라는 뜻이다. 또한, 동사 て형에 접속하여 「~てあげる」의
형식으로 쓰이며 '어떤 행위를 해주다'라는 뜻을 나타낸다.
손윗사람에게 정중하게 '드리다'라는 표현에는 「さしあげる」를 사용한다. ※13과 참고

▶예문

> 就職^{しゅうしょく}したら、私は毎月両親^{まいつきりょうしん}にお金^{かね}をあげるつもりです。
>
> バレンタインデーには、普通^{ふつう}、女性^{じょせい}が男性^{だんせい}にチョコレートをあげます。
>
> 私は弟^{おとうと}にネクタイを買^かってあげました。

▶연습문제

> 【보기】 私・祖母^{そぼ}・茶^{ちゃ}わん → 私は祖母に茶わんをあげました。
>
> 姉^{あね}・子^こども・歌^{うた}・歌^{うた}う → 姉は子どもに歌を歌ってあげました。

① 父^{ちち}・母^{はは}・花^{はな} → ＿＿＿＿＿＿＿＿＿＿＿＿＿＿＿＿＿＿。

② 武田^{たけだ}さん・キムさん・海外旅行^{かいがいりょこう}のおみやげ

→ ＿＿＿＿＿＿＿＿＿＿＿＿＿＿＿＿＿＿。

③ 私・イさん・カメラ・貸^かす

→ ＿＿＿＿＿＿＿＿＿＿＿＿＿＿＿＿＿＿。

【참고】

「~てあげます(~てさしあげます)」는 과장된 느낌과 동시에 생색을 내는 느낌이 강하게
전해지므로 상대방에게 직접 말할 때 주의해야 한다.

【예】 先輩^{せんぱい}、手伝^{てつだ}ってあげましょうか? (×) → 先輩、手伝いましょうか? (○)

선배님, 도와 드릴까요?

🌱 **새로운 단어** ···

バ「レンタイ」ンデー 발렌타인 데이   チョ「コレ」ート 초콜릿   茶わん(ちゃ「わん) 밥공기

海外旅行(か「いがいりょ」こう) 해외여행   お「みやげ 여행선물   貸す(か「す) 빌려주다

2 くれます/동사て형 + くれます 나·우리에게 ～을 줍니다/～해 줍니다

「くれる」는 누가 나 또는 우리에게 '주다'라는 뜻이다. 또한, 동사 て형에 접속하여 「～てくれる」의 형식으로 쓰이며 '어떤 행위를 해주다'라는 뜻을 나타낸다.
손윗사람이 나에게 무언가를 줄 경우, 정중하게 「くださる」를 사용한다. ※13과 참고

▶예문

> 両親は毎月、私におこづかいをくれます。
> 父が電車の切符を予約してくれました。
> おばが妹を病院に連れて行ってくれました。

▶연습문제

> 보기 武田さん・私・ＣＤ → 武田さんは私にＣＤをくれました。
>
> 父・私・車・貸す → 父は私に車を貸してくれました。

① 彼氏・私・化粧品   → ＿＿＿＿＿＿＿＿＿＿＿＿＿。

② ハンさん・弟・おもちゃ → ＿＿＿＿＿＿＿＿＿＿＿＿＿。

③ 兄・私・ケーキ・買う   → ＿＿＿＿＿＿＿＿＿＿＿＿＿。

④ 佐藤さん・母・日本のお茶・送る → ＿＿＿＿＿＿＿＿＿＿＿。

🌱 **새로운 단어**

お「こ」づかい 용돈 切符(き「っぷ) 표 CD(シ「ーディ」ー) 음반 お「も」ちゃ 장난감

3 もらいます/동사て형 + もらいます

다른 사람에게 ~을 받습니다/다른 사람이 ~해 줍니다

「もらう」는 누구에게 '받다'의 뜻이다. '~에게'에 해당하는 조사는 「に」또는 「から」를 사용할 수 있다. 「~に ~てもらう」의 경우, 한국어로는 '~가 ~해 주다'로 해석 하는 것이 자연스러우며, 상대방에게 어떤 혜택을 입었다는 느낌이 드는 표현이다.
손윗사람에게서 무언가를 받을 경우에는 정중하게 「いただく」를 사용한다. ※13과 참고

▶예문

> 私は両親に毎月おこづかいをもらいます。
> 試験の前に、友だちにノートを見せてもらいました。
> 妹は母に部屋の掃除を手伝ってもらいました。

▶연습문제

> 보기　私・高校の先生・はがき
>
> → 私は高校の先生からはがきをもらいました。
>
> 私・チェさん・貸した本・返す
>
> → 私はチェさんに貸した本を返してもらいました。

① ユミさん・武田さん・セーター

→ _____。

② 兄・彼女・ハンカチ

→ _____。

③ 私・友だち・宿題・教える

→ _____。

④ 私たち・店の人・写真・撮る

→ _____。

🌱 **새로운 단어** ··

は「がき 엽서　見せる(み「せ」る) 보이다　返す(か「えす) 돌려주다　セーター 스웨터　ハ「ンカ「チ 손수건

1 다음 그림을 보고 보기와 같이 회화문을 만드세요. (●) Track 10-02

母→私
おこづかい

A 今、お金を持っていますか。

B はい、先週、(私は)母におこづかいをもらいました。

①

私→弟
花

A 昨日は弟さんの卒業式だったそうですね。

B ええ、それで(私は)＿＿＿＿＿＿＿＿＿＿＿＿。

②

私→妹
スカーフ・買う

A 最近、家族に何かプレゼントしましたか。

B ええ、(私は)＿＿＿＿＿＿＿＿＿＿＿＿。

③

父→私
時計

A 入学のお祝いで(私は)＿＿＿＿＿＿＿＿＿。

B すてきな時計ですね。

🌱 **새로운 단어** ···

卒業式(そ「つぎょ」うしき) 졸업식 **ス「カ」ーフ** 스카프 **入学**(にゅ「うがく) 입학 **お祝い**(お「いわい) 축하 선물, 축하

④

日本人の友だち→私
漢字・教える

A 漢字が難しいです。どうやって勉強していますか。

B (私は)＿＿＿＿＿＿＿＿＿＿＿＿＿＿＿＿＿＿＿。

⑤

先輩→私
この本

A その本、おもしろいですよね。

B 誕生日に先輩が＿＿＿＿＿＿＿＿＿＿＿＿＿＿＿。

⑥

キムさん→妹
ケーキ・作る

A 妹さんの誕生日ケーキは、どこで買いましたか。

B キムさんが＿＿＿＿＿＿＿＿＿＿＿＿＿＿＿＿＿。

2 학습내용을 활용하여 자유롭게 문장을 만드세요.

① 私は恋人に＿＿＿＿＿＿＿＿＿＿＿＿＿＿＿＿＿。

② 母は私に＿＿＿＿＿＿＿＿＿＿＿＿＿＿＿＿＿。

③ 鈴木さんは山田さんに＿＿＿＿＿＿＿＿＿＿＿＿＿。

3 주어진 단락을 읽어 보세요.

　私は今年、大学生になりました。入学のお祝いで、両親から新しい携帯電話をもらいました。私も今まで育ててくれた両親に感謝の手紙をあげました。これから、まじめに大学生活を送りながら、アルバイトもするつもりです。アルバイトをして稼いだお金で、両親にプレゼントをあげたいです。そして、友だちに紹介してもらった彼女とミュージカルも見に行きたいです。

4 다음 한국어를 일본어로 고치세요.

① 나는 친구에게 초콜릿을 주었습니다.　＿＿＿＿＿＿＿＿＿＿＿＿＿＿＿＿。

② 부모님은 나에게 컴퓨터를 사주었습니다.　＿＿＿＿＿＿＿＿＿＿＿＿＿＿＿＿。

③ 나는 김씨에게 사진을 보여주었습니다.　＿＿＿＿＿＿＿＿＿＿＿＿＿＿＿＿。

④ 여동생은 어머니에게 매달 용돈을 받습니다.　＿＿＿＿＿＿＿＿＿＿＿＿＿＿＿＿。

🌱 **새로운 단어**

育てる(そ「だて「る) 기르다　ま「じめに 성실히　稼ぐ(か「せ「ぐ) 벌다　紹介する(しょ「うかいする) 소개하다

5 대화를 듣고 내용에 맞게 화살표를 그리세요.　　　　　　⊙ Track 10-03

> 보기　私 （ ← ） 先輩

① 私 （ 　 ） 祖母　　　　　　② 私 （ 　 ） 友だち

③ 私 （ 　 ） 父　　　　　　　④ 母 （ 　 ） 弟

6 대화를 듣고 빈칸을 채우세요.　　　　　　⊙ Track 10-01

田中　キムさん、先月の私の誕生日には、＿＿＿＿＿＿＿＿＿＿＿＿＿＿よね。

　　　パクさんへのプレゼントは＿＿＿＿＿＿＿＿＿＿＿＿。

キム　映画のチケットをプレゼントしようと思っています。田中さんは？

田中　パクさんは日本の化粧品が好きだと聞いて、

　　　日本の母にリップを＿＿＿＿＿＿＿＿＿＿＿＿。

キム　そうですか。きっと喜びますよ。

　　　－パクさんの家で－

田中　パクさん、誕生日＿＿＿＿＿＿＿＿＿＿＿＿。これ、どうぞ。

パク　わあ、うれしいです。ありがとうございます。

田中　＿＿＿＿＿＿＿＿＿＿＿＿＿よかったです。

　　　いつも助けてもらっていますから。

パク　さあ、母がいろいろ＿＿＿＿＿＿＿＿＿＿＿＿ので、

　　　たくさん食べていってください。

田中　すごいごちそうですね。じゃ、いただきます！

동사

1그룹 동사

- □ もらう
- □ かす(貸す)
- □ かえす(返す)
- □ かせぐ(稼ぐ)

2그룹 동사

- □ あげる
- □ くれる
- □ たすける(助ける)
- □ みせる(見せる)
- □ そだてる（育てる）

3그룹 동사

- □ しょうかいする(紹介する)

명사

- □ リップ
- □ ごちそう
- □ バレンタインデー
- □ チョコレート
- □ ちゃわん（茶わん）
- □ かいがいりょこう(海外旅行)
- □ おみやげ
- □ おこづかい

- □ きっぷ(切符)
- □ シーディー(CD)
- □ おもちゃ
- □ はがき
- □ セーター
- □ ハンカチ
- □ そつぎょうしき(卒業式)
- □ スカーフ
- □ にゅうがく(入学)
- □ おいわい(お祝い)

기타

- □ おめでとうございます
- □ どうぞ
- □ わあ
- □ さあ
- □ いただきます
- □ まじめに

漢字練習 ✏

茶	茶	茶			
ちゃ　茶わん					
貸	貸	貸			
か(す)　貸す					
海	海	海			
かい　海外					
卒	卒	卒			
そつ　卒業式					
式	式	式			
しき　卒業式					
祝	祝	祝			
いわ(い)　お祝い					

カタカナ練習 ✏

リップ	リップ	
ハンカチ	ハンカチ	
チョコレート	チョコレート	

<ruby>雨<rt>あめ</rt></ruby>に<ruby>降<rt>ふ</rt></ruby>られて、<ruby>風邪<rt>か ぜ</rt></ruby>をひきました。

학습목표

동사의 수동형을 활용하여 직접 수동, 소유자 수동(소유물의 수동), 간접 수동(피해의 수동), 무생
물 주어의 수동 등의 표현을 할 수 있다.

학습문형

① みんなに<ruby>笑<rt>わら</rt></ruby>われました。 모두에게 비웃음 당했습니다.

② <ruby>弟<rt>おとうと</rt></ruby>にパソコンを<ruby>壊<rt>こわ</rt></ruby>されました。 남동생이 컴퓨터를 고장냈습니다.

③ <ruby>雨<rt>あめ</rt></ruby>に<ruby>降<rt>ふ</rt></ruby>られて、<ruby>風邪<rt>か ぜ</rt></ruby>をひきました。 비가 와서 감기에 걸렸습니다.

④ <ruby>土曜日<rt>ど ようび</rt></ruby>に<ruby>花火大会<rt>はな び たいかい</rt></ruby>が<ruby>開<rt>ひら</rt></ruby>かれます。 토요일에 불꽃축제가 열립니다.

⑤ <ruby>高<rt>たか</rt></ruby>いし、まずいし、<ruby>失敗<rt>しっぱい</rt></ruby>でした。 비싸고, 맛없고 실패했습니다.

학습포인트

① 동사 수동형 : ～(ら)れる

② 동사 (ら)れます〈직접수동〉

③ 동사 (ら)れます〈소유자 수동〉

④ 동사 (ら)れます〈피해의 수동〉

⑤ 동사 (ら)れます〈무생물 주어의 수동〉

⑥ 보통형 + し, ～하고, ～해서

김연아가 다나카와 만나 어제, 오늘의 일을 이야기하고 있다.　　　　　 Track 11-01

田中　土曜日に花火大会が開かれますよね。一緒に行きませんか。

キム　そうですね… 実はちょっと体の調子が悪いんです。

田中　どうしたんですか。

キム　昨日帰りに雨に降られて、風邪をひいてしまいました。

　　　そのうえ、夜は隣の赤ちゃんに泣かれて、よく寝られませんでした。

田中　そう言われれば、顔色がよくないですね。

キム　今日も朝から大変なんですよ。弟にパソコンを壊されたんです。

　　　バスの中では男の人に足を踏まれるし、

　　　授業中は、質問にうまく答えられなくて、みんなに笑われるし…

　　　お昼に初めて行った店も、高いし、まずいし、失敗でした。

田中　ついていませんね。今日は、早く家に帰ったほうがいいですよ。

キム　そうですね。早く帰って休むことにします。

🌱 **새로운 단어** ....

花火大会(は「なびた「いかい) 불꽃놀이 축제　**開く**(ひ「ら「く) 열다　**調子が悪い**(ちょ「うしがわ「る「い) 상태가 나쁘다
そ「のうえ 게다가　**赤ちゃん**(あ「かちゃん) 아기　**壊す**(こ「わ「す) 부수다, 고장 내다　**踏む**(ふ「む) 밟다　う「まく 잘
笑う(わ「らう) 웃다, 비웃다　ま「ず「い 맛이 없다　**失敗**(しっ「ぱい) 실패, 실수　つ「いてい「な「い 운이 나쁘다, 재수가 없다

1 동사 수동형 : ～(ら)れる

1그룹동사: [u]→[a]+れる   예 壊す ➡ 壊される   飲む ➡ 飲まれる

                               帰る ➡ 帰られる   *言う ➡ 言われる

2그룹동사: [ru]+られる   예 見る ➡ 見られる   考える ➡ 考えられる

3그룹동사: 예 来る ➡ 来られる   する ➡ される

※ 수동형은 모두 2그룹동사로 활용한다.

     예 作る(1그룹) → 作られる(2그룹) → 作られます

수동형 연습문제

笑う		踏む		注目する	
聞く		建てる		取る	
直す		考える		開く	
待つ		来る		入る	
死ぬ		叱る		ほめる	
呼ぶ		捨てる		見る	

🌱 **새로운 단어** ....

注目する(ちゅ「うもくする) 주목하다   **建てる**(た「て」る) 짓다, 건립하다   **叱る**(し「かる) 혼내다, 꾸짖다

ほ「め」る 칭찬하다

2 동사 (ら)れます〈직접 수동〉

기본적으로 타동사 능동문을 수동문으로 바꾼 것으로, 의미적으로 마이너스적인 경우에도, 플러스적인 경우에도 쓰인다.

능동　先生が　私を　ほめる。

수동　私は　先生に　ほめられる。

「～に」를 취하는 자동사로도 직접수동 표현이 가능하다.

능동　先生が　キムさんに　話しかける。

수동　キムさんは　先生に　話しかけられる。

▶예문

> 男の人があの子を押しました。→ あの子は男の人に押されました。
> 兄が私を起こしました。→ 私は兄に起こされました。
> 友だちが私をパーティーに招待しました。
> → 私は友だちにパーティーに招待されました。
> 田中さんは課長に相談しました。→ 課長は田中さんに相談されました。

▶연습문제

> 보기　先輩が木村さんをいじめる　➡　木村さんは先輩にいじめられました。

① 鈴木さんが木村さんを呼ぶ　➡ ＿＿＿＿＿＿＿＿＿＿＿＿＿＿＿＿。

② 母が妹を叱る　➡ ＿＿＿＿＿＿＿＿＿＿＿＿＿＿＿＿。

③ 兄が弟をたたく　➡ ＿＿＿＿＿＿＿＿＿＿＿＿＿＿＿＿。

🌱 **새로운 단어** ·····

話しかける(は「なしかけ」る) 말을 걸다　**起こす**(お「こ」す) 일으키다, 일으켜 세우다

招待する(しょ「うたいする) 초대하다　**課長**(か「ちょう) 과장　**い「じめ」る** 괴롭히다　**た「た」く** 치다, 두드리다

3 동사 (ら)れます〈소유자 수동〉

소유자가 주어, 소유물이나 신체의 일부가 대상인 수동문으로 마이너스적인 느낌을 나타낸다.

▶예문

> 泥棒が私のネックレスを盗みました。
>
> → 私は泥棒にネックレスを盗まれました。
>
> ペットが田中さんの洋服を汚しました。
>
> → 田中さんはペットに洋服を汚されました。
>
> ハチが私の指を刺しました。
>
> → 私はハチに指を刺されました。

▶연습문제

보기 　犬が私の指をかむ　➡　犬に指をかまれました。

① 弟が私のパソコンを壊す　➡ ＿＿＿＿＿＿＿＿＿＿＿＿＿＿＿＿＿。

② 母が私の日記を読む　➡ ＿＿＿＿＿＿＿＿＿＿＿＿＿＿＿＿＿。

③ 友だちが私の弁当を食べる ➡ ＿＿＿＿＿＿＿＿＿＿＿＿＿＿＿。

🌱 새로운 단어 ···

か⌐む 물다　泥棒(ど⌐ろぼう) 도둑　ネ⌐ックレス 목걸이　洋服(よ⌐うふく) 양복　汚す(よ⌐ごす) 더럽히다

ハ⌐チ 벌　指(ゆ⌐び) 손가락　刺す(さ⌐す) 찌르다, 쏘다, 물다

4 동사 (ら)れます〈피해의 수동〉

일본어 특유의 표현으로 마이너스적인 느낌을 나타낸다.

<u>子犬が　死ぬ。</u>

<u>子犬に　死なれて</u>　悲しい。

▶예문

> 雨が降る。→ 雨に降られて、風邪をひきました。
>
> 友だちが来る。→ 友だちに来られて、勉強ができませんでした。
>
> 隣の人がタバコを吸う。→ 隣の人にタバコを吸われて困りました。

▶연습문제

보기　友だちが来る　➔　<u>友だちに来られて困りました</u>

① 泥棒が入る　➔ _____。

② 同僚が休む　➔ _____。

③ 赤ちゃんが泣く　➔ _____。

🌱 **새로운 단어** ....

子犬(こ「いぬ) 강아지　悲しい(か「なしい) 슬프다　困る(こ「ま」る) 곤란하다　同僚(ど「うりょう) 동료

136

5 동사 (ら)れます〈무생물 주어의 수동〉

역사적 사실이나 많은 사람에게 알려진 뉴스 등 무생물 주어의 수동문이다. 마이너스적인 느낌은 없이 객관적으로 서술하는 표현이다.

300年前に　このお寺を　建てた。

このお寺は　300年前に　建てられた。

▶예문

英語はたくさんの人に話されています。주어가 특정한 사람이 아닌 경우

この神社は500年前に建てられました。사회적 사실

日本では、3月に卒業式が行われます。

▶연습문제

보기 世界中でこの本を読んでいます。→ この本は世界中で読まれています。

① 中国や日本で漢字を使います。→ _____。

② 200年前にあの絵を描きました。→ _____。

③ 多くの人がこのニュースに注目しています。

→ _____。

참고

*「〜(ら) れる」형은 존경의 표현도 가능하다. ※13과 참고

예 どちらへ行かれますか。

　　日本ではどのホテルに泊まられますか。

* 2그룹동사의 경우 가능형의 표현도 가능하다. ※6과 참고

예 二十歳以上の人はこの映画が見られます。

　　私は辛いラーメンが食べられません。

🌱 새로운 단어 ··

神社(じ⎺んじゃ) 신사　行う(お⎾こなう) 행하다

6 보통형 + し ～하고, ～해서

게다가, 그 뿐 아니라 등의 의미로, 이유나 동시에 일어나는 일을 나열할 수 있다.

▶예문

> 雨も降っているし、今日は早めに帰ります。
> 福岡はみんな親切だし、きれいだし、食べ物もおいしいです。
> 明日は休みだし、天気もいいし、外に出かけようと思います。

▶연습문제

> 보기　佐藤さん・頭がいいです・仕事もできます
>
> →　佐藤さんは頭がいいし、仕事もできます。

① 野菜・ダイエットできます・体にいいです

→ ＿＿＿＿＿＿＿＿＿＿＿＿＿＿＿＿＿＿＿＿＿＿＿。

② 今日・雨です・風も強いです

→ ＿＿＿＿＿＿＿＿＿＿＿＿＿＿＿＿＿＿＿＿＿＿＿。

③ バスは来ません・道も混みます・大変でした

→ ＿＿＿＿＿＿＿＿＿＿＿＿＿＿＿＿＿＿＿＿＿＿＿。

🌱 새로운 단어 ···

福岡(ふ「く」おか) 후쿠오카　**体にいい**(か「らだにい」い) 몸에 좋다

応用練習

1 다음 그림을 보고 보기와 같이 회화문을 만드세요.　🔘 Track 11-02

 1)

弟がパンを食べる

A どうしたんですか。

B 弟にパンを食べられたんです。

①

母が弟を叱る

A どうしたんですか。

B ＿＿＿＿＿＿＿＿＿＿＿＿＿＿＿＿＿＿＿＿＿。

②

姉が私の日記を読む

A どうしたんですか。

B ＿＿＿＿＿＿＿＿＿＿＿＿＿＿＿＿＿＿＿＿＿。

③

雨が降る

A どうしたんですか。

B ＿＿＿＿＿＿＿＿＿＿＿＿＿＿＿＿＿＿＿＿＿。

④

赤ちゃんが泣く

A どうしたんですか。

B ＿＿＿＿＿＿＿＿＿＿＿＿＿＿＿＿＿＿＿＿＿。

応用練習

보기 2)

犬が私の手をかむ・病院に行く

A どうしたんですか。

B 犬に手をかまれたんです。

C 大丈夫ですか。病院に行ったほうがいいですよ。

⑤

泥棒が入る・警察に電話する

A どうしたんですか。

B _____。

C _____。

⑥

蚊が刺す・薬を塗る

A どうしたんですか。

B _____。

C _____。

🌱 새로운 단어 ....

警察(け「いさつ) 경찰　**蚊**(か) 모기　**塗る**(ぬ「る) 바르다, 칠하다

2 학습내용을 활용하여 자유롭게 문장을 만드세요.

① ゆうべは＿＿＿＿＿＿＿＿＿て困りました。**(수동)**

② 私は子どものころ、＿＿＿＿＿＿＿＿＿たことがあります。**(수동)**

③ このニュースは＿＿＿＿＿＿＿＿＿ています。**(수동)**

④ ＿＿＿＿＿＿＿＿＿し、＿＿＿＿＿＿＿＿＿し…大変でした。

3 주어진 단락을 읽어 보세요.

今日はついていない一日でした。朝は弟にタブレットを壊されました。電車の中では女の人に足を踏まれました。そのうえ、財布を盗まれて、昼ごはんも食べられませんでした。授業中は先生の質問に答えられなくて、叱られました。帰りには雨に降られて、風邪をひきました。夜は勉強しようと思っていたんですが、友だちに来られて困りました。こんな日は、早く寝てしまおうと思います。明日はいい一日になるといいです。

4 다음 한국어를 일본어 수동문으로 고치세요.

① 옆 사람이 발을 밟았습니다.　＿＿＿＿＿＿＿＿＿＿＿＿＿＿＿＿。

② 비가 와서 감기에 걸렸습니다.　＿＿＿＿＿＿＿＿＿＿＿＿＿＿＿＿。

③ 이 절은 200년 전에 지었습니다.＿＿＿＿＿＿＿＿＿＿＿＿＿＿＿＿。

④ 선생님이 기무라 씨를 불렀습니다.＿＿＿＿＿＿＿＿＿＿＿＿＿＿＿。

🌱 **새로운 단어** ⋯⋯⋯

こ ろ 시절, 무렵　**タ ブレット** 태블릿

5 대화를 듣고 해당하는 그림을 고르세요. ⊙ Track 11-03

① (　　) ② (　　) ③ (　　) ④ (　　)

6 대화를 듣고 빈칸을 채우세요. ⊙ Track 11-01

田中　土曜日に花火大会が＿＿＿＿＿＿＿＿＿＿よね。

　　　一緒に行きませんか。

キム　そうですね…実はちょっと体の調子が悪いんです。

田中　どうしたんですか。

キム　昨日帰りに＿＿＿＿＿＿＿＿＿、風邪をひいてしまいました。

　　　そのうえ、夜は隣の赤ちゃんに＿＿＿＿＿＿＿＿＿、よく寝られ

　　　ませんでした。

田中　そう言われれば、顔色がよくないですね。

キム　今日も朝から大変なんですよ。

　　　弟にパソコンを＿＿＿＿＿＿＿＿＿。

　　　バスの中では男の人に＿＿＿＿＿＿＿＿＿、授業中は、質問にう

　　　まく答えられなくて、みんなに＿＿＿＿＿＿＿＿＿…

　　　お昼に初めて行った店も、＿＿＿＿＿、＿＿＿＿＿、失敗でした。

田中　ついていませんね。

　　　今日は、早く家に帰ったほうがいいですよ。

キム　そうですね。早く帰って休むことにします。

単語チェック

동사

1그룹 동사
- ☐ ひらく(開く)
- ☐ こわす(壊す)
- ☐ ふむ(踏む)
- ☐ わらう(笑う)
- ☐ しかる(叱る)
- ☐ おこす(起こす)
- ☐ たたく
- ☐ かむ
- ☐ よごす(汚す)
- ☐ さす(刺す)
- ☐ こまる(困る)
- ☐ おこなう(行う)
- ☐ ぬる(塗る)

2그룹 동사
- ☐ たてる(建てる)
- ☐ ほめる
- ☐ はなしかける(話しかける)
- ☐ いじめる

3그룹 동사
- ☐ ちゅうもくする(注目する)
- ☐ しょうたいする(招待する)

イ형용사
- ☐ まずい
- ☐ かなしい(悲しい)

명사
- ☐ はなびたいかい(花火大会)
- ☐ あかちゃん(赤ちゃん)
- ☐ しっぱい(失敗)
- ☐ かちょう(課長)
- ☐ どろぼう(泥棒)
- ☐ ネックレス
- ☐ ようふく(洋服)
- ☐ ハチ
- ☐ ゆび(指)
- ☐ こいぬ(子犬)
- ☐ どうりょう(同僚)
- ☐ じんじゃ(神社)
- ☐ ふくおか(福岡)
- ☐ けいさつ(警察)
- ☐ か(蚊)
- ☐ ころ
- ☐ タブレット

기타
- ☐ ちょうしがわるい(調子が悪い)
- ☐ そのうえ
- ☐ うまく
- ☐ ついていない
- ☐ からだにいい(体にいい)

漢字練習 ✏

洋	洋	洋				
よう　洋服						
服	服	服				
ふく　洋服						
察	察	察				
さつ　警察						
注	注	注				
ちゅう　注目						
待	待	待				
たい　招待						
建	建	建				
た(てる)　建てる						

カタカナ練習 ✏

ネックレス	ネックレス	
ハチ	ハチ	
タブレット	タブレット	

私に注文させてください。

<small>わたし</small> <small>ちゅうもん</small>

학습목표

① 동사의 사역형과 사역수동형의 의미와 용법을 이해할 수 있다.

② 동사의 사역형을 활용하여, 강제, 허락 등의 표현을 할 수 있다.

학습문형

① お酒を無理に飲ませると、問題が起きます。 술을 억지로 마시게 하면 문제가 생깁니다.

② 私に注文させてください。 제가 주문하게 해주세요.

③ お酒を飲まされるのは嫌いです。 억지로 술을 마셔야 하는 것은 싫습니다.

학습포인트

① 동사 사역형 〜(さ)せる

② 동사 (さ)せます 〜하게 합니다

③ 동사 사역형 + てください 〜하게 해주세요

④ 동사 사역수동형: 〜(さ)せられる/される

⑤ 동사 (さ)せられます/されます 어쩔 수 없이〜하게 됩니다

김연아와 다나카가 술집에 와서 음료 메뉴를 보고 있다.

Track 12-01

田中　ドリンク、何を注文しますか。

キム　私はオレンジジュースにします。

田中　そうですか。最近、日本の飲み会でも、

　　　若い人はお酒をあまり飲まないようです。

キム　お酒を無理に飲ませると、いろいろ問題も起きますからね。

田中　私も、お酒を飲まされるのは嫌いです。楽しく飲みたいです。

　　　今日は私もノンアルコールビールにします。

キム　最近のノンアルコールはおいしいですよね。じゃあ、注文しますね。

田中　あ、ちょっと待ってください。私に注文させてください。

　　　韓国語がなかなか上手にならないので、私がやってみます。

キム　がんばれ!

田中　すみませ…あ、チョ、チョギヨ。

🌱 **새로운 단어** ....

ド⌐リ⌐ンク 음료　オ⌐レンジジュ⌐ース 오렌지 주스　無理に(む⌐りに) 억지로　嫌いだ(き⌐らいだ) 싫어하다

楽しく(た⌐の⌐しく) 즐겁게　ノ⌐ンアルコールビ⌐ール 무알코올 맥주　な⌐かなか (부정의 말을 수반하여) 좀처럼

が⌐んば⌐れ 파이팅

文法·文型練習

1 동사 사역형 : ~(さ)せる

1그룹동사: [u]→[a]+せる **예** 話^{はな}す ➡ 話させる 飲む ➡ 飲ませる
　　　　　　　　　　　　　　帰^{かえ}る ➡ 帰らせる *言^いう ➡ 言わせる

2그룹동사: [ru]+させる **예** 見^みる ➡ 見させる 考^{かんが}える ➡ 考えさせる

3그룹동사 **예** する ➡ させる 来^くる ➡ 来^こさせる

※ 사역형은 모두 2그룹동사로 활용한다.

　　예 作^{つく}る(1그룹) ➡ 作らせ<del>る</del>(2그룹) ➡ 作らせます

사역형 연습문제

買^かう		死^しぬ		寝^ねる	
行^いく		選^{えら}ぶ		食^たべる	
泳^{およ}ぐ		読^よむ		来る	
待^まつ		捨^すてる		運動^{うんどう}する	
話^{はな}す		取^とる		勉強^{べんきょう}する	

🌱 **새로운 단어** ··

捨てる(す「てる) 버리다

2 동사 (さ)せます ～하게 합니다

주로 손윗사람이 손아랫사람에게 '～하도록 시킨다' 또는 '～하도록 허락한다'라는 뜻을 나타낸다. 또한 다른 사람의 심리적인 변화나 감정적인 동작을 불어 일으킨다는 뜻을 나타내기도 한다.

| 자동사 | 犬は 走る。 | 타동사 | 私は 勉強を する。 |

私は 犬を 走らせる。　　　父は 私に 勉強を させる。

▶예문

〈강제〉先輩は後輩に歌を歌わせました。
　　　　最近の親は子どもを塾に通わせています。
〈허가〉したいと言うので、来月から娘にダンスを習わせます。
〈유발〉兄が弟をたたいて、泣かせました。

▶연습문제

> | 보기 | 弟・友だち・ケガをする　→　弟は友だちにケガをさせました。 |
> 私・親・困る　→　私は親を困らせました。

① 先生・学生・レポート・提出する　→　_____。

② 父・弟・嫌いな野菜・食べる　　→　_____。

③ 母・私・歯医者・行く　　　　　→　_____。

④ そのお父さん・子ども・静かにする

　　　　　→　_____。

⑤ 先生・学生・近くに来る

　　　　　→　_____。

🌱 새로운 단어 ·······················

塾(じゅ「く) 학원　親(お「や「) 부모　歯医者(は「いしゃ) 치과의사　提出する(て「いしゅつする) 제출하다

148

3 동사 사역형 + てください ~하게 해주세요

상대방에게 정중하게 허가를 요청할 때 사용한다.

예 行く ➡ 行かせる ➡ 行かせてください

▶예문

先生、体調が悪いので早退させてください。
今日の食事代は、私に払わせてください。この前のお礼です。
由美子さんと、結婚させてください。

▶연습문제

보기 私がやる ➡ 私にやらせてください。

① 少し考える ➡ ＿＿＿＿＿＿＿＿＿＿＿＿＿＿＿＿＿。

② ちょっと休む ➡ ＿＿＿＿＿＿＿＿＿＿＿＿＿＿＿＿＿。

③ 今日はもう帰る ➡ ＿＿＿＿＿＿＿＿＿＿＿＿＿＿＿＿＿。

④ 私が手伝う ➡ ＿＿＿＿＿＿＿＿＿＿＿＿＿＿＿＿＿。

🌱 새로운 단어 ....

体調(た「いちょう) 몸상태, 컨디션 **早退する**(そ「うたいする) 조퇴하다 **食事代**(しょ「くじだい) 식사비

払う(は「ら」う) 지불하다 **この前**(こ「のま」え) 얼마 전 **お礼**(お「れい) 사례, 감사의 선물

동사 사역수동형 : ～(さ)せられる/される

기본형 ➜ 　사역+수동 　➜ 사역수동형

1그룹동사: 待つ ➜ 待たせ~~る~~＋られる ➜ 待たせられる 〈축약형〉 待たされる

*예외)기본형 어미 サ행인 경우 　直^{なお}す ➜ 直させられる(○)　直さされる(×)

2그룹동사: 見る ➜ 見させ~~る~~＋られる ➜ 見させられる

3그룹동사: する ➜ させ~~る~~＋られる ➜ させられる

来る ➜ 来させ~~る~~＋られる ➜ 来させられる

※ 1그룹 동사는 2가지 형태가 있는데 축약형인 「～される」가 자주 쓰인다.

※ 사역수동형은 모두 2그룹동사로 활용한다.

[예] 作る(1그룹) ➜ 作らされ~~る~~(2그룹) ➜ 作らされます

사역수동형 연습문제

習う	習わされる	待つ		覚^{おぼ}える	
驚^{おどろ}く		飲む		捨^すてる	
泳^{およ}ぐ		遊^{あそ}ぶ		来る	
話す		住^すむ		掃除^{そうじ}する	
出^だす		着^きる		心配^{しんぱい}する	

🌱 **새로운 단어** ···

驚く(お「どろ「く) 놀라다

5 동사 (さ)せられます/されます 어쩔 수 없이~하게 됩니다

「자발(自発)」이란 자신과 타인이 의도적인 행동과 감정이 아니라 자연스럽게 발생하는 동작과 감정을 말한다. 물리적인 동작을 의미하는 동사(歩く・食べる) 에는 사용하지 않는다.

사역	父が　私に　勉強をさせる。
사역수동	(私は) 父に　勉強をさせられる。

▶예문

〈강제〉	長谷川さんは店長に遅くまで働かされました。
	子どものころ、母に嫌いなものを食べさせられました。
〈자발적 감정〉	私は彼と話すと、いつもいろいろ考えさせられます。
	そのドラマのストーリーに驚かされました。

▶연습문제

보기	私・母・薬・飲む　→　私は母に薬を飲まされました。

① 祖母・店員・スマホ・買う　→ _____。

② 夫・妻・ゴミ・捨てる　→ _____。

③ 私・そのオペラ・感動した　→ _____。

④ 客・その店のサービス・びっくりする

　　　　　　　→ _____。

⑤ 私・兄・泣く　　　　　　→ _____。

🌱 **새로운 단어** ··

ス￣トーリー 스토리 夫(お￣っと) 남편 妻(つ￣ま) 아내 ゴ￣ミ 쓰레기 オ￣ペラ 오페라 客(きゃ￣く) 손님

感動する(か￣んどうする) 감동하다 サ￣ービス 서비스 び￣っく￣りする 놀라다

応用練習

1 다음 그림을 보고 보기와 같이 회화문을 만드세요.　　　 Track 12-02

보기 1)
子ども・掃除する

A　お子さんの部屋の掃除は誰がしますか。

B　いつも<u>子どもに掃除させています。</u>

① 子ども・ごはん
食べる

A　忙<small>いそが</small>しそうですね。

B　はい。今<small>いま</small>、＿＿＿＿＿＿＿＿＿＿＿＿＿＿＿。

② 学生たち・帰る

A　教室<small>きょうしつ</small>は静かですね。

B　はい。暗<small>くら</small>くなったので、＿＿＿＿＿＿＿＿＿＿。

③ 息子<small>むすこ</small>
好きな本・選ぶ

A　いつもどんな本を息子さんに買ってあげますか。

B　＿＿＿＿＿＿＿＿＿＿＿＿＿＿＿＿＿＿。

보기 2)
母・皿洗<small>さらあら</small>い・する

A　旧正月<small>きゅうしょうがつ</small>はどうでしたか。

B　大変でした。<u>母に皿洗いをさせられました。</u>

④ 友だち
荷物<small>にもつ</small>・持<small>も</small>つ

A　昨日<small>きのう</small>は大変だったようですね。

B　はい。＿＿＿＿＿＿＿＿＿＿＿＿＿＿＿＿。

⑤ 兄・よく泣く

A　子どものとき、お兄<small>にい</small>さんはやさしかったですか。

B　いいえ。＿＿＿＿＿＿＿＿＿＿＿＿＿＿＿。

⑥ 先輩
難<small>むずか</small>しい漢字<small>かんじ</small>
書く

A　昨日の勉強会はどうでしたか。

B　大変でした。＿＿＿＿＿＿＿＿＿＿＿＿＿。

🌱 **새로운 단어** ··

お子さん(お「こさん) 자녀분　**旧正月(きゅ「うしょ「うがつ)** 설날　**皿洗い(さ「らあ「らい)** 설거지

勉強会(べ「んきょ「うかい) 스터디 모임

2 학습내용을 활용하여 자유롭게 문장을 만드세요.

① 親になったら、自分の子ども＿＿＿＿＿＿＿＿＿＿＿＿＿＿＿＿。

② すみませんが、＿＿＿＿＿＿＿＿＿＿＿＿＿＿てください。

③ 子どものころ、私は親に＿＿＿＿＿＿＿＿＿＿＿＿＿＿＿＿。

④ サークルの先輩に＿＿＿＿＿＿＿＿＿＿＿＿＿＿＿＿＿。

3 주어진 단락을 읽어 보세요.

　私が小学生のころから、父は私にいろいろな語学を習わせました。私は友だちと遊びたかったですが、夜遅くまで塾に行かされました。とても大変でした。でも、J-POPを知って、変わりました。日本語を勉強するのがとても楽しくなりました。それで、父に「日本の大学に行かせてください」と頼みました。最初は反対されましたが、今では父も応援してくれています。

4 다음 한국어를 일본어로 고치세요.

① 어머니가 아이를 치과에 가게 했습니다. ＿＿＿＿＿＿＿＿＿＿＿＿＿＿。

② 선생님은 학생들에게 어려운 한자를 쓰게 했습니다.

＿＿＿＿＿＿＿＿＿＿＿＿＿＿＿＿＿＿＿。

③ 아내는 남편에게 설거지를 시켰습니다. ＿＿＿＿＿＿＿＿＿＿＿＿＿＿。

④ 다음은 저에게 노래를 부르게 해주세요. ＿＿＿＿＿＿＿＿＿＿＿＿＿。

🌱 **새로운 단어**

サ「ークル 동아리, 동호회　**語学(ご「がく)** 어학　**ジェ「ー・ポ「ップ** J-POP　**頼む(た「の「む)** 부탁하다

反対する(は「んたいする) 반대하다　**応援する(お「うえんする)** 응원하다

5 대화를 듣고 해당하는 내용을 고르세요.   Track 12-03

① 男性が彼女のネックレスを買いました。（　　）

② 店長が店の掃除をします。（　　）

③ 毎日、中国語のCDを聞かせています。（　　）

④ 男性が自分の親と話しています。（　　）

6 대화를 듣고 빈칸을 채우세요.   Track 12-01

田中	ドリンク、何を注文しますか。
キム	私は＿＿＿＿＿＿＿＿＿＿＿＿＿＿＿＿＿＿。
田中	そうですか。最近、日本の飲み会でも、 若い人はお酒をあまり飲まないようです。
キム	お酒を＿＿＿＿＿＿＿＿＿＿、いろいろ問題も起きますからね。
田中	私も、＿＿＿＿＿＿＿＿＿＿のは嫌いです。 楽しく飲みたいです。 今日は私もノンアルコールビールにします。
キム	最近のノンアルコールはおいしいですよね。 じゃあ、注文しますね。
田中	あ、ちょっと待ってください。 私に＿＿＿＿＿＿＿＿＿＿＿＿＿＿＿＿＿。 韓国語がなかなか上手にならないので、私がやってみます。
キム	＿＿＿＿＿＿＿＿＿！
田中	すみませ…あ、チョ、チョギヨ。

単語チェック

동사

1그룹동사
- ☐ はらう(払う)
- ☐ おどろく(驚く)
- ☐ たのむ(頼む)

2그룹동사
- ☐ すてる(捨てる)

3그룹동사
- ☐ ていしゅつする(提出する)
- ☐ そうたいする(早退する)
- ☐ かんどうする(感動する)
- ☐ びっくりする
- ☐ はんたいする(反対する)
- ☐ おうえんする(応援する)

ナ형용사
- ☐ きらいだ(嫌いだ)

부사
- ☐ なかなか

명사
- ☐ ドリンク
- ☐ オレンジジュース
- ☐ ノンアルコールビール
- ☐ じゅく(塾)

- ☐ おや(親)
- ☐ はいしゃ(歯医者)
- ☐ たいちょう(体調)
- ☐ しょくじだい(食事代)
- ☐ このまえ(この前)
- ☐ おれい(お礼)
- ☐ ストーリー
- ☐ おっと(夫)
- ☐ つま(妻)
- ☐ ゴミ
- ☐ オペラ
- ☐ きゃく(客)
- ☐ サービス
- ☐ おこさん(お子さん)
- ☐ きゅうしょうがつ(旧正月)
- ☐ さらあらい(皿洗い)
- ☐ べんきょうかい(勉強会)
- ☐ サークル
- ☐ ごがく(語学)
- ☐ ジェー・ポップ(J-POP)

기타
- ☐ むりに(無理に)
- ☐ たのしく(楽しく)
- ☐ がんばれ

漢字練習 ✎

感 かん　感動	感	感			
無 む　無理に	無	無			
払 はら(う)　払う	払	払			
対 たい　反対	対	対			
医 い　医者	医	医			
者 しゃ　医者	者	者			

カタカナ練習 ✎

ドリンク	ドリンク	
ジュース	ジュース	
アルコール	アルコール	

会場までご案内します。

かいじょう　あんない

학습목표

존경어와 겸양어를 이해하고 표현할 수 있다.

학습문형

1. すぐにおわかりになりましたか。금방 아셨습니까?
2. おっしゃっていた慶州行きのチケットです。말씀하신 경주 행 티켓입니다.

   キョンジュ ゆ
3. 会場までご案内します。회장까지 모시겠습니다.

   かいじょう　あんない
4. キム・ヨナと申します。김연아라고 합니다.

   もう

학습포인트

1. お/ご＋동사ます형＋になります　〜하십니다
2. 특수한 존경동사
3. お/ご＋동사ます형＋します/いたします (제가)〜합니다/〜해 드립니다
4. 특수한 겸양동사

김연아가 일본인 선생님을 회의장으로 안내한다. Track 13-01

キム　あの、木村先生ですか。はじめまして。キム・ヨナと申します。

木村　ああ、キム・ヨナさんですね。はじめまして。木村です。

キム　会場までご案内します。こちらへどうぞ。荷物もお持ちします。

木村　すみません。お願いします。

キム　昨日、ホテルまでの道は、すぐにおわかりになりましたか。

木村　はい、メールで田中君に詳しく教えてもらいましたから。

キム　そうですか。こちらはおっしゃっていた慶州行きのチケットです。

木村　ありがとうございます。いろいろお手数をおかけしてすみません。

キム　いいえ。慶州はお一人で観光されますか。

木村　はい、一人でゆっくり回るつもりです。

🌱 **새로운 단어** ....

会場(か「いじょう) 회장　**す「みませ「ん** 고맙습니다　**す「ぐ(に)** 곧, 즉시　**~君(~く「ん)** ~군, 동연배·손아랫사람 이름에
붙이는 가벼운 높임말(주로 남자에게 씀)　**詳しく(く「わ「しく)** 자세하게　**お「っしゃ「る** 말씀하시다　**~行き(ゆき/いき)** (목
적지+)~행　**お手数(お「てすう)** 번거로움　**お手数をおかけする(お「てすうをお「かけする)** 폐를 끼치다, 수고를 끼치다
回る(ま「わる) 돌아보다　**つ「もり** 작정

▣ 경어표현

경어는 화자가 상대방이나 화제가 된 사람에게 경의를 나타내는 표현으로 친밀도가 낮은
사람, 자신보다 나이와 지위가 높은 사람, 자신과 다른 그룹에 속한 사람에게 사용한다.
타인에게 가족이나 자기가 속한 회사 사람을 말할 경우에는 손윗사람일지라도 존경표현은
사용하지 않는다.

1. 존경표현 : 상대의 동작이나 화제의 대상을 높이는 표현
　　· ～(ら)れる
　　· お/ご～になる
　　· 특수한 존경동사

　　※ ～(ら)れる는 11과에서 학습한 동사의 수동형과 같은 형태이며 '～하시다'의 존경표
　　　현이 가능하다. 「お/ご～になる」의 형태나 특수한 존경동사보다 존경도가 약하다.

　　예　コピー機を使われますか。
　　　　鈴木さんは、どう思われますか。

2. 겸양표현 : 자신의 행동을 낮춤으로서 결과적으로 상대를 높이는 표현
　　· お/ご～する/いたす
　　· 특수한 겸양동사

3. 정중표현 : 문장 전체를 정중한 느낌으로 만드는 표현
　　· ～です/ます
　　· お/ご+명사

＊접두어 お/ご
일반적으로 일본 고유어, 훈으로 읽히는 한자어에는 「お」를, 한자음으로 읽히는 명사에는
「ご」를 붙인다. 단 일상생활에서 자주 쓰이는 생활용어는 한자음이라도 「お」를 붙인다.

　　예　お一人、お手数、ご協力、ご苦労、お約束、お茶

🌱 새로운 단어 ·····

協力(きょうりょく) 협력　**苦労**(くろう) 고생

1 お/ご＋동사ます형＋になります 〜하십니다

「お/ご〜になる」는「〜(ら)れる」의 형태보다 높은 경의를 나타내는 존경표현이다.
다만 특수한 존경동사가 있는 동사는 이 형태를 사용하지 않는다.(예외 : 飲む)
1・2그룹동사는「お〜になる」, 3그룹 동사「한자어＋する」는「ご〜になる」의 형태로 사용한다.

예 話す ➜ お話しになる ➜ お話しになります
出発する ➜ ご出発になる ➜ ご出発になります

▶예문

> 先生はもうお帰りになりました。
> いつ日本へご出発になりますか。
> 田中さんはどんな本をお読みになりますか。

▶연습문제

보기 先生とはいつ会いますか ➜ 先生とはいつお会いになりますか。

① 本田さんは何時に戻りますか ➜ ＿＿＿＿＿＿＿＿＿＿＿＿。

② スミスさんはお酒を飲みますか ➜ ＿＿＿＿＿＿＿＿＿＿＿＿。

③ 課長はタバコを吸いますか ➜ ＿＿＿＿＿＿＿＿＿＿＿＿。

④ 会議に出席しますか ➜ ＿＿＿＿＿＿＿＿＿＿＿＿。

🌱 **새로운 단어** ....

出発する(しゅ「っぱつする) 출발하다 **戻る**(も「ど」る) 돌아오다

2 특수한 존경동사

동사 중에는 특수한 형태의 존경동사를 사용하는 경우가 있다.

동사	존경동사	동사	존경동사
いる・行く・来る	いらっしゃる	知っている	ご存じだ
する	なさる	見る	ご覧になる
言う	おっしゃる	寝る	お休みになる
食べる・飲む	召し上がる	くれる	くださる

※ いらっしゃる, なさる, おっしゃる, くださるは「〜ます」가 접속될 때
   いらっしゃいます, なさいます, おっしゃいます, くださいます가 된다.

▶예문

先生は研究室にいらっしゃいます。
毎日コーヒーを召し上がりますか。
この映画をご覧になりましたか。

▶연습문제

보기 週末、何をしますか → 週末、何をなさいますか。

① いつ家にいますか   → _____。

② 先生は何と言いましたか → _____。

③ この本を知っていますか → _____。

🌱 **새로운 단어**

い「らっしゃ「る 계시다, 가시다, 오시다 な「さ「る 하시다 召し上がる(め「しあがる) 잡수시다

ご存じだ(ご「ぞ「んじだ) 아시다 ご覧になる(ご「らんにな「る) 보시다 お休みになる(お「やすみにな「る) 주무시다

く「ださ「る 주시다

3 お/ご＋동사ます형＋します/いたします (제가) ~ 합니다, 해드립니다

「お/ご～します/いたします」는 행위를 받는 사람에게 경의를 표현하는 것이므로 경의를 표시할 상대방이 있는 행위에만 쓰인다. 특수한 겸양동사가 있는 동사는 이 형태를 사용하지 않고 1·2그룹동사는 「お～する」, 3그룹 동사 「한자어＋する」는 「ご～する」의 형태로 사용한다. 「する」보다 더 공손하게 표현할 경우 「いたす」를 사용한다.

> [예] 話す ➡ お話しする ➡ お話しします/お話しいたします
> 相談する ➡ ご相談する ➡ ご相談します/ご相談いたします

▶예문

私が駅までお送りします。
お聞きしたいことがあります。
近いうちにご相談いたします。
一人で本をお読みします。（×）→ 一人で本を読みます。（○）

▶연습문제

> [보기]　タクシーを呼びます ➡ タクシーをお呼びします。

① すぐに調べます　➡ ＿＿＿＿＿＿＿＿＿＿＿＿＿＿＿＿＿＿。

② 荷物を預かります　➡ ＿＿＿＿＿＿＿＿＿＿＿＿＿＿＿＿＿＿。

③ メールで伝えます　➡ ＿＿＿＿＿＿＿＿＿＿＿＿＿＿＿＿＿＿。

④ あとで連絡します　➡ ＿＿＿＿＿＿＿＿＿＿＿＿＿＿＿＿＿＿。

🌱 **새로운 단어** ···

聞く(き「く) 묻다 **近いうちに(ち「か」いう「ちに)** 조만간에 **預かる(あ「ずか」る)** 맡다 **あ」とで** 나중에

4 특수한 겸양동사

특수한 겸양동사란 동사를 변형시키는 형태가 아니라 동사 자체로 겸양의 의미를 지닌 동사를 말한다.

동사	겸양동사	동사	겸양동사
いる	おる	知っている	存じておる
行く・来る	参る	会う	お目にかかる
する	いたす	見る	拝見する
言う	申す・申し上げる	聞く・訪問する	伺う
食べる・飲む・もらう	いただく	あげる	差し上げる

▶예문

> キム・ヨナと申します。韓国から参りました。
> 先生の論文を拝見しました。

▶연습문제

> 보기 初めて会う → 初めてお目にかかります。

① フランス料理を食べる → _____。

② 釜山に住んでいる → _____。

③ おみやげをもらう → _____。

🌱 **새로운 단어**

お゛る 있다 **参る(ま゛いる)** 가다, 오다 い゛た゛す 하다 **申す(も゛うす)** 말하다 **申し上げる(も゛うしあげ゛る)** 말씀올리다

い゛ただく 먹다, 마시다, 받다 **存じておる(ぞ゛んじておる)** 알고있다 **お目にかかる(お゛めにかか゛る)** 뵙다

拝見する(は゛いけんする) 보다 **訪問する(ほ゛うもんする)** 방문하다 **伺う(う゛かがう)** 듣다, 찾아뵙다

差し上げる(さ゛しあげる) 드리다 **論文(ろ゛んぶん)** 논문 **フランス料理(フ゛ランスりょ゛うり)** 프랑스 요리

応用練習

1 다음 그림을 보고 보기와 같이 회화문을 만드세요.

Track 13-02

 1)

釜山に行く

A いつ釜山にいらっしゃいますか。
B 来週、参ります。

①

家にいる

A 週末はどこに_____。
B たいてい家に_____。

②

絵を見る

A 木村先生の絵をもう_____。
B 一度_____ことがあります。

③

焼き肉を食べる

A 昨日の夜は何を_____。
B 焼き肉を_____。

④

松本先生と話す

A 昨日、松本先生とは_____。
B はい、_____。

🌱 새로운 단어 ⋯⋯

焼き肉(や「きにく) 고기구이

2 **학습내용을 활용하여 자유롭게 문장을 만드세요.**

① 久しぶりに先生に＿＿＿＿＿＿＿＿＿＿＿＿＿＿＿＿＿＿＿＿。

② 私は＿＿＿＿＿＿＿＿＿＿＿＿＿＿＿＿＿＿＿＿。

③ 先生は昨日の夜＿＿＿＿＿＿＿＿＿＿＿＿＿＿＿＿＿＿。

3 **주어진 단락을 읽어 보세요.**

木村先生へ

シンポジウムでは先生にお会いすることができて、とてもうれしかったです。
いろいろ教えていただいて、ありがとうございました。とても勉強になりました。
慶州はゆっくりご覧になりましたか。ぜひまた釜山にいらっしゃってください。
もしよかったら、私が釜山をご案内します。
では、またお目にかかる日を楽しみにしております。

キム・ヨナ

4 **다음 한국어를 일본어로 고치세요.**

① 김연아라고 합니다. (겸양어) ＿＿＿＿＿＿＿＿＿＿＿＿＿＿＿＿＿＿＿。

② 신문을 읽으시겠습니까? ＿＿＿＿＿＿＿＿＿＿＿＿＿＿＿＿＿＿＿。

③ 회장까지 안내해 드리겠습니다. ＿＿＿＿＿＿＿＿＿＿＿＿＿＿＿＿。

④ 가방을 들어 드리겠습니다. ＿＿＿＿＿＿＿＿＿＿＿＿＿＿＿＿＿。

⑤ 수고를 끼쳐 미안합니다. ＿＿＿＿＿＿＿＿＿＿＿＿＿＿＿＿＿。

🌱 **새로운 단어** ···

久しぶりに(ひˉさしぶりに) 오랫만에 シˉンポジˉウム 심포지움 もˉし 만약 まˉた 또

5 질문을 듣고 해당하는 질문에 답을 고르세요. ◎ Track 13-03

① (   )   ② (   )   ③ (   )   ④ (   )

> a. 来週参ります。   b. すぐご連絡いたします。
>
> c. キム・ヨナと申します。   d. カルビとビールをいただきました。

6 대화를 듣고 빈칸을 채우세요. ◎ Track 13-01

キム	あの、木村先生ですか。
	はじめまして、キム・ヨナと＿＿＿＿＿＿＿＿。
木村	あ、キム・ヨナさんですね。はじめまして。木村です。
キム	会場まで＿＿＿＿＿＿＿＿。こちらへどうぞ。
	荷物も＿＿＿＿＿＿＿＿。
木村	すみません。お願いします。
キム	昨日、ホテルまでの道は、すぐに＿＿＿＿＿＿＿＿＿＿。
木村	はい、メールで田中君に詳しく教えてもらいましたから。
キム	そうですか。
	こちらは＿＿＿＿＿＿＿＿＿^{キョンジュ}慶州行きのチケットです。
木村	ありがとうございます。
	いろいろ＿＿＿＿＿＿＿＿＿すみません。
キム	いいえ、慶州はお一人で＿＿＿＿＿＿＿＿＿＿。
木村	はい、一人でゆっくり回るつもりです。

🌱 **새로운 단어** ....

カﾟルビ 갈비

単語チェック

동사

1그룹동사
- □ まわる(回る)
- □ もどる(戻る)
- □ きく(聞く)
- □ あずかる(預かる)

3그룹동사
- □ しゅっぱつする(出発する)
- □ ほうもんする(訪問する)

존경동사
- □ おっしゃる
- □ いらっしゃる
- □ なさる
- □ めしあがる(召し上がる)
- □ ごぞんじだ(ご存知だ)
- □ ごらんになる(ご覧になる)
- □ おやすみになる(お休みになる)
- □ くださる

겸양동사
- □ もうす(申す)
- □ おる
- □ まいる(参る)
- □ いたす
- □ もうしあげる(申し上げる)
- □ いただく
- □ ぞんじておる(存じておる)
- □ おめにかかる(お目にかかる)
- □ はいけんする(拝見する)
- □ うかがう(伺う)

- □ さしあげる(差し上げる)

부사
- □ すぐに
- □ もし
- □ また

명사
- □ かいじょう(会場)
- □ ～くん(君)
- □ ～ゆき/いき(行き)
- □ おてすう(お手数)
- □ つもり
- □ きょうりょく(協力)
- □ くろう(苦労)
- □ ろんぶん(論文)
- □ フランスりょうり
  （フランス料理）
- □ やきにく(焼き肉)
- □ シンポジウム
- □ カルビ

기타
- □ すみません
- □ くわしく(詳しく)
- □ おてすうをおかけする
  （お手数をおかけする）
- □ ちかいうちに(近いうちに)
- □ あとで

漢字練習 ✏

聞	聞	聞			
き(く)　聞く					
発	発	発			
はつ　出発					
回	回	回			
まわ(る)　回る					
預	預	預			
あず(かる)　預かる					
場	場	場			
じょう　会場					
戻	戻	戻			
もど(る)　戻る					

カタカナ練習 ✏

シンポジウム	シンポジウム	
フランス	フランス	
カルビ	カルビ	

부록

解答

第1課

문법문형연습

① ① お弁当を作りはじめます/作りおわります。
　② ご飯を食べはじめます/食べおわります。
　③ 部屋を掃除しはじめます/掃除しおわります。
　④ 桜が咲きはじめます/咲きおわります。

② ① 一日中寝つづけています。
　② 同じ会社で働きつづけています。
　③ 友だちとしゃべりつづけています。
　④ 英語を勉強しつづけています。

③ ① 話しやすい人 / 話しにくい人
　② 読みやすい本 / 読みにくい本
　③ 食べやすいお菓子 / 食べにくいお菓子
　④ 運転しやすい車 / 運転しにくい車

④ ① 7時は早すぎます。
　② 交通が不便すぎます。
　③ 甘いものを食べすぎます。
　④ ゲームをしすぎます。

⑤ ① セール中なので、安いです。
　② おもしろいので、ぜひ見てください
　③ 韓国料理が好きなので、よく食べます。
　④ 用事があるので、先に失礼します。

응용연습

① ① A この本は読みやすいですか、読みにくい
　　　ですか。
　　B 字が小さいので、読みにくいです。
　② A この肉は食べやすいですか。食べにくい
　　　ですか。
　　B 硬いので、食べにくいです。
　③ A シャツはどうでしたか。
　　B 大きすぎました。
　④ A テストはどうでしたか。
　　B 簡単すぎました。
　⑤ A 飲み会はどうでしたか。
　　B お酒を飲みすぎました。
② (예시)
　① お弁当を作り

② 新聞を読み
③ ご飯を食べ
④ 字が大きい, 読みやすいです

③ 지금 일본어를 공부하고 있습니다. 일본어 공부는 조금 어렵습니다만, 아주 재미있습니다. 지난 달부터 일본 소설을 읽고 있습니다. 겨우 한 권 다 읽었습니다. 최근에 일본 뉴스와 드라마도 보기 시작했습니다. 일본어를 너무 공부해서 머리가 일본어로 가득합니다. 일본은 한국에서 가깝기 때문에 가기 쉽습니다. 하지만, 저는 아직 간 적이 없기 때문에 여름방학에 가족과 함께 여행하고 싶습니다.

④ ① 日本語を習いはじめました。
　② ここは高すぎます。
　③ この料理は作りやすいです。
　④ 漢字が多いので、読みにくいです。

⑤ ① A 日本のドラマを見たり、本を読んだりし
　　　ますか。
　　B ええ、ドラマは4月から見はじめました。
　② A 今も山田先生に日本語を習っていますか。
　　B いいえ。でも、一人で勉強しつづけてい
　　　ます。
　③ A このお店はどうですか。
　　B おいしいですが、高すぎます。
　④ A その自転車、乗りやすいですか。
　　B 私には大きいので、ちょっと乗りにくい
　　　です。

① 왼쪽　② 오른쪽　③ 오른쪽　④ 오른쪽

第2課

문법문형연습

① ① ここでたばこを吸ってもいいですか。
　② 美術館で写真を撮ってもいいですか。
　③ 教室でお弁当を食べてもいいですか。
　④ 土曜日に学校に来てもいいですか。

② ① 宿題を忘れてはいけません。
　② あのベンチに座ってはいけません。
　③ うそをついてはいけません。

④ 窓を開けてはいけません。

③ ① 電話をかけなければなりません。
② 飲み物を買わなければなりません。
③ 日本語を復習しなければなりません。
④ 薬を飲まなければなりません。

④ ① 顔を洗う前に、歯を磨きます。
② 本を読む前に、映画を見ます。
③ 携帯を買う前に、ネットで調べます。
④ 授業が始まる前に、トイレに行きます。

⑤ ① 晩ご飯を食べた後で、お酒を飲みます。
② カメラを買った後で、説明書を読みます。
③ 卒業した後で、アメリカに行きます。
④ 家に帰った後で、パソコンを使います。

응용연습

① ① A 芝生に入ってもいいですか。
B いいえ、芝生に入ってはいけません。
② A 高い物を買ってもいいですか。
B いいえ、高い物を買ってはいけません。
③ A 車を止めてもいいですか。
B いいえ、車を止めてはいけません。
④ A ご飯をたくさん食べてもいいですか。
B いいえ、ご飯をたくさん食べてはいけません。

② (예시)
① お菓子を食べて
② 小さな声で話さ
③ 写真を撮っても
④ ご飯を食べる，顔を洗います。
⑤ 歯を磨いた，寝ます。

③ 저는 레스토랑에서 아르바이트를 하고 있습니다. 먼저 가게가 시작되기 전에 청소를 해야 합니다. 일하는 중에는 휴대전화를 쓰면 안 됩니다. 휴식시간에만 봐도 됩니다. 점장이 엄격하기 때문에, 아르바이트는 매우 힘듭니다. 하지만, 일이 끝난 후에 먹는 밥은 엄청 맛있습니다.

④ ① ご飯を食べた後で、歯を磨かなければなりません。
② 夜遅く電話をかけてはいけません。

③ お風呂に入る前に、ご飯を食べます。
④ 一緒に写真を撮ってもいいですか。

⑤ ① A ここで、たばこを吸ってもいいですか。
B いいえ、ここではたばこを吸ってはいけません。
A あ、そうですか。
② A どこに行きますか。
B 明日は試験です。図書館で勉強しなければなりません。
A がんばってください。
③ A 寝る前に薬を飲んでもいいですか。
B 夕ご飯を食べた後のほうがいいですよ。
A わかりました。
④ A 店で走ってはいけません。
B はい。
A 店では静かにしなければなりません。

① 오른쪽　② 오른쪽　③ 오른쪽　④ 오른쪽

第3課

문법문형연습

① ① かぎが隠してありました。
② 写真が飾ってありました。
③ 車が用意してありました。

② ① 妹のケーキを食べてしまいました。
② 宿題をやってしまいました。
③ 電車が行ってしまいました。

③ ① ご飯を炊いておきます。
② 奨学金を申し込んでおきます。
③ 予約をしておきます。

④ ① K-POPを歌ってみました。
② 将来について考えてみました。
③ そこで泳いでみました。

⑤ 1) ① コピーをしていきます / してきます。
② 電話をかけていきます / かけてきます。
③ 地下鉄に乗っていきます / 乗ってきます。

2) ① 子どもが減っていきます。

② 父の気持ちがわかってきました。

응용연습

1　① A 机の上に何がありますか。
　　　B <u>パソコンが置いてあります。</u>
　② A 冷蔵庫のケーキを食べてもいいですか。
　　　B <u>私が食べてしまいました。</u>
　③ A 新しい靴はどこですか。
　　　B <u>玄関に出しておきました。</u>
　④ A 何を描いていますか。
　　　B <u>花を描いてみました。</u>
　⑤ A コンビニで何を買いましたか。
　　　B <u>お菓子を買ってきました。</u>

2　(예시)
　① 絵, 描い
　② ノート, 入れ
　③ 新しい公園, 行っ
　④ アイスクリーム, 全部食べ
　⑤ 子どもを連れ

3　부엌에 어머니가 쓴 메모가 놓여 있었습니다. '케이크를 사서 냉장고에 넣어 두었어'라고 쓰여져 있었습니다. 케이크를 냉장고에서 꺼내서 먹어 보았습니다. 달콤하고 맛있었습니다. 너무 맛있어서 전부 먹어 버렸습니다. 최근에 여러 가지를 너무 많이 먹어서 조금 살이 찌기 시작했기 때문에 조심하고 싶습니다.

4　① 玄関のドアが開けてありました。
　② 携帯電話はカバンに入れておきました。
　③ 友達の話も聞いてみました。
　④ 田中さんはどこかに行ってしまいました。
　⑤ 大学の生活にだんだん慣れてきました。

5　① A そのノートには何が書いてありました
　　　　か。
　　　B 電話番号が書いてありました。
　② A 昨日もらった絵はどこに飾りましたか。
　　　B 玄関に飾っておきました。
　③ A 家に帰って何をしましたか。
　　　B 新しく買った服を着てみました。
　④ A そのお腹はどうしましたか。
　　　B 食べ過ぎて太ってしまいました。

① a　② c　③ b　④ d

第4課

문법문형연습

1　① 外が暗くなりました。
　② 今年、社会人になりました。
　③ 弟は(弟が)まじめになりました。

2　① 日本ではライン(LINE)を使うのが
　② 一人になるのが
　③ 歌を歌うのが

3　① 私のミスのせいで、チームが負けました。
　② 目が悪いせいで、よく見えませんでした。
　③ 甘いものが好きなせいで、歯が痛くなりました。
　④ 朝寝坊したせいで、授業に遅れました。

4　① 体を暖かくするために
　② 試合に勝つために
　③ デートのために

응용연습

1　① A 田中さんは将来何になりたいですか。
　　　B <u>弁護士になりたいです。</u>
　② A 何が難しいですか。
　　　B <u>漢字を覚えるのが難しいです。</u>
　③ A 何が好きですか。
　　　B <u>クラシック音楽を聞くのが好きです。</u>
　④ A 何が見えますか。
　　　B <u>先生が来るのが見えます。</u>
　⑤ A どうしてケガをしましたか。
　　　B <u>雨のせいで、滑りました。</u>
　⑥ A 夏休みに何をしますか。
　　　B <u>公務員になるために、試験の勉強をします。</u>
　⑦ A 土曜日に何をしますか。
　　　B <u>気分転換のために、友だちとドライブに行きます。</u>

⑧ A 何のために大学に来ましたか。
   B <u>経済の勉強をするために、大学に来ました</u>。

② (예시)
   ① きれいに
   ② 映画を見る
   ③ お酒の, 頭が痛いです
   ④ 車を買う, 銀行からお金を借りました

③ 후원은 서울 시내에 있습니다. 자연이 아주 풍부한 곳입니다. 가을에는 경치가 울긋불긋(빨갛고 노래져) 아름다워집니다. 역사를 좋아하는 사람이나 자연 속을 걷는 것을 좋아하는 사람에게 추천합니다. 바쁜 생활 때문에 피곤한 사람도 건강해 질 수 있습니다. 외국인을 위해 영어나 일본어 투어도 있습니다. 천천히 산책하면서 자연과 역사를 즐겨보세요.

④ ① 夜になって、静かになりました。
   ② いい会社に入るために、がんばっています。
   ③ 友だちとゲームをするのが趣味です。
   ④ 暑さのせいで、ゆっくり休むことができませんでした。

⑤ ① A テストはどうでしたか。
      B 問題は少なかったですが、前より難しくなっていました。
   ② A 何が見えますか。
      B 歌の練習をしているのが見えます。
   ③ A パクさん、どうしましたか。
      B 飲みすぎたせいで、頭が痛いです。
   ④ A 田中さん、何の勉強をしていますか。
      B 留学するために、英語の勉強をしています。

   ① 오른쪽   ② 오른쪽   ③ 왼쪽   ④ 왼쪽

第5課

문법문형연습

① ① 雨がやみそうです。
   ② 交通が不便そうです。
   ③ このお菓子は甘そうです。

   ④ 荷物が落ちそうです。
② ① 鈴木さんはどこかに出かけているようです。
   ② 外は風が強いようです。
   ③ イさんはコーヒーが嫌いなようです。
   ④ 土曜日は休みのようです。

③ ① 明日から暑くなるらしいです。
   ② 今年の冬はとても寒いらしいです。
   ③ この学校はサッカーで有名らしいです。
   ④ キムさんのお姉さんは英語の先生らしいです。

④ ① この料理は辛いでしょう。
   ② 山の中は静かでしょう。
   ③ 今夜は雨でしょう。
   ④ パクさんは合格するでしょう。

응용연습

① ① A これは新しいゲームですか。
      <u>おもしろそう</u>ですね。
      B とてもおもしろいですよ。
   ② A 木村さんは花の写真ばかり撮っています。
      <u>花が好きな</u>ようです。
      B 本当ですね。
   ③ A キムさんは来週ソウルに<u>引っ越す</u>らしいです。
      今朝、田中さんから聞きました。
      B 知りませんでした。
   ④ A Bチームはとても強いから、この試合は<u>Bチームが勝つ</u>でしょう。
      B 私もそう思います。

② ① 雨のようです
   ② 雨でしょう
   ③ 高そうです
   ④ 高いでしょう
   ⑤ 親切なようです
   ⑥ 親切らしいです
   ⑦ あるようです

③ 추워져서 감기에 걸린 사람이 많은가 봅니다. 오늘 박씨는 결석이었습니다. 감기로 열이 있다는 것 같습니다. 이 씨도 안색이 나빠서 몸 상태가 좋지 않은 것 같았습니다. 내일도 분명 춥겠지요. 저도 주의하지 않으면 안 됩니다.

④ ① おいしい中華の店ができたらしいです。
　② 今にも雨が降りそうです。
　③ 来月はきっと寒くなるでしょう。
　④ 木村さんは辛い料理が好きなようです。
　⑤ 鈴木さんは今日、学校に来ないでしょう。

⑤ ① A このラーメン屋はいつも人が並んでいますね。
　　 B おいしいようですね。
　② A このマンションはどうですか。
　　 B 駅から近くて便利そうです。
　③ A 田中さん、明日パーティーに行きますか。
　　 B はい、行きます。明日のパーティーはたぶんにぎやかでしょう。
　④ A 田中さん、来週、釜山でK-POPのコンサートがあるらしいですよ。
　　 B えっ、そうですか。知りませんでした。

①×　②○　③○　④×

第6課

문법문형연습

가능형 연습문제

歌える	読める	寝られる
書ける	飛べる	答えられる
泳げる	走れる	来られる
話せる	見られる	できる
勝てる	信じられる	運転できる

① ① おもしろいテレビ番組が見られます。
　② ご飯が炊けます。
　③ 明日午前10時に来られます。

④ その話が信じられません。
⑤ 楽器が演奏できません。
⑥ オンラインでこの品物が買えません。

② ① 自転車に乗れるようになりました。
　② キムチが漬けられるようになりました。
　③ 運転ができるようになりました。
　④ 旅行に行けなくなりました。
　⑤ 恋人に会えなくなりました。
　⑥ 辛いものが食べられなくなりました。

③ ① あの背の高い人は音楽の先生かもしれません。
　② 私の作った料理はおいしくないかもしれません。
　③ ソンさんは車の運転が上手かもしれません。
　④ 10年後は結婚しているかもしれません。

④ ① 明日は晴れるはずです。
　② あの人は字が上手なはずです。
　③ この本はおもしろいはずです。
　④ チョさんは高校生のはずです。

응용연습

① ① A 1日に単語が100個覚えられますか。
　　 B いいえ、覚えられません。
　② A キムさんは漢字が書けますか。
　　 B はい、書けます。
　③ A この歌が歌えますか。
　　 B はい、歌えます。
　④ A この店はお酒が飲めますか。
　　 B はい、飲めます。
　⑤ A この問題が理解できますか。
　　 B いいえ、理解できません。

② (예시)
　① 書けます
　② ギターが弾ける
　③ 雪が降る
　④ 日曜日なので, 学食は休みの

③ 저의 취미는 게임입니다. 요즘은 전 세계 사람들과 온라인에서 함께 놀 수 있습니다. 친구도 많이 생겼습니다. 최근에는 일본인과 함께 플레이를 하므로, 일본어도

말할 수 있게 되었습니다. 장래에 다른 외국어도 할 수 있게 될지도 모릅니다. 슬슬 일본인 친구가 로그인 할 것입니다. 함께 게임을 하는 것이 기대됩니다.

4 ① 日本語の新聞が読めます。
② 田中さんはピアノが弾けます。
③ 英語が話せるようになりました。
④ 妹は今日来られないかもしれません。
⑤ 明日は晴れるはずです。

5 ① A テニスができますか。
   B 練習して、できるようになりました。
② A 外国語が話せますか。
   B 私は英語が話せます。日本語も少し話せます。
③ A 日本語の新聞が読めますか。
   B 読んだことはありませんが、私にはまだ難しいはずです。
④ A ギターが弾けますか。
   B 高校生のとき少し弾けましたが、練習をやめて弾けなくなりました。

① ○ ② ○ ③ × ④ ×

第7課

문법문형연습

1 ① 新しい図書館はとても立派だそうです。
② 明日は雨が降るそうです。
③ キムさんの彼氏は日本人だそうです。

2 ① あそこのランチは高いと聞きました。
② 明日から寒くなると聞きました。
③ 期末テストの範囲は、まだわからないと聞きました。

3 ① お腹が痛いと言いました。
② 準備ができたと言いました。
③ その質問には先生が答えると言いました。

4 ① 学校までの交通は便利なんです。
② よくわからないんです。
③ 今週は土曜日も学校に行くんですか。
④ ゆうべは早く寝たんです。

5 ① 水しか飲みません。
② シャープペンしか持っていません。
③ メールしか送りません。

응용연습

1 ① A パクさんは週末何をしたと言いましたか。
   B 映画館で映画を見たそうです。
② A 大西さんは週末何をしたと言いましたか。
   B 夜まで勉強したそうです。
③ A 伊藤さんは週末何をしたと言いましたか。
   B プールで泳いだそうです。
④ A どうしたんですか。
   B 頭が痛いんです。
⑤ A どうしたんですか。
   B 財布をなくしたんです。
⑥ A どうしたんですか。
   B 虫がいるんです。

2 (예시)
① 晴れる
② 地震が多い
③ パン, 食べ

3 뉴스에 의하면 다음주는 추운날이 계속된다고 합니다. 한국의 북쪽 지역은 이미 눈이 내리고 있다고 들었습니다. 서울에 살고있는 친구는, 부산이 바람이 세고 더 추울거라고 말합니다. 하지만 부산은 눈이 그다지 내리지 않습니다. 기온도 서울이 낮을 것입니다. 게다가 저는 부산에밖에 친구가 없어서 서울보다는 부산에서 살고 싶습니다.

4 ① 友だちは頭が痛くて来られないそうです。
② 東京は交通が便利だと聞きました。
③ 先輩がこの授業は役に立つと言いました。
④ 財布をなくしたんです。
⑤ シャープペンしか持っていません。

5 ① A このパンはおいしいと聞きました。
   B じゃ、買います。

② A キムさんは忙しいですか。
　 B 暇だと言っていましたよ。
③ A 明日は12時に会いませんか。
　 B すみません、1時にしか行けないんです。
④ A 大西さんもチケットを持っているんですか。
　 B 昨日買ったそうですよ。

① ○　② ×　③ ×　④ ○

第8課

文法文型練習

1 ① 友だちと話そう。
　　② ご飯を食べよう。
　　③ また、ここに来よう。

2 ① 公園で弟と遊ぼうと思います。
　　② 両親に電話をかけようと思います。
　　③ 12月に日本語能力試験を受けようと思います。
　　④ 土曜日に好きな人に告白しようと思います。

3 ① ラジオを聞くつもりです/聞かないつもりです。
　　② 映画を見るつもりです/見ないつもりです。
　　③ 部屋を掃除するつもりです/掃除しないつもりです。
　　④ アルバイトをするつもりです/しないつもりです。

4 ① 来週、実家に帰る予定です。
　　② ボランティアに参加する予定です。
　　③ そこには行かない予定です。
　　④ 明日の午後は家にいない予定です。

5 ① 毎日牛乳を飲むことにします。
　　② 週一回掃除をすることにします。
　　③ これからはたばこを吸わないことにします。
　　④ 今はアルバイトをやめないことにします。

응용연습

1 ① A 土曜日に何をする予定ですか。
　　　 B 山に登ろうと思います。
　　② A 友だちと何をする予定ですか。
　　　 B 映画を見ようと思います。
　　③ A 午後は何をする予定ですか。
　　　 B 本を読もうと思います。
　　④ A 休日は何をする予定ですか。
　　　 B スキーをしようと思います。

2 (예시)
　　① 運動をしよう
　　② 10個, 覚える
　　③ 会議が終わる
　　④ 明日, 中国語を習う

3 다음 주 일요일은 여자 친구의 생일이라서 그녀와 만날 예정입니다. 화장품을 선물하려고 생각합니다. 게다가 그녀가 좋아하는 케이크와 와인도 살 생각입니다. 이제부터 인기 있는 레스토랑을 예약하려고 생각합니다. 그녀가 기뻐하는 얼굴을 보고 싶어서 그 날의 계획은 아직 가르쳐주지 않으려고 합니다. 다음 주를 기대하고 있습니다.

4 ① ダイエットは明日からしよう。
　　② 雨が降ったので、電車に乗って帰ろうと思います。
　　③ 土曜日に友だちと映画を見るつもりです。
　　④ 12月に日本語能力試験を受ける予定です。
　　⑤ 明日からアルバイトをすることにしました。

5 ① A 週末に何をしますか。
　　　 B 友だちと食事をする予定です。
　　② A 授業が終わってから何をしますか。
　　　 B 一人で山に登ろうと思います。
　　③ A 夏休みは何をしますか。
　　　 B コンビニでアルバイトをすることにしました。
　　④ A 週末に何をしますか。
　　　 B お酒を飲みにいくつもりです。

① d　② a　③ b　④ c

第9課

문법문형연습

1 ① 決まったら、
② 聞こえなかったら、
③ よかったら、
④ 心配だったら、
⑤ 明日、晴れだったら、

2 ① スイッチを押すと、水が出ます。
② ご飯の量が少ないと、お腹がすきます。
③ 店員が親切だと、うれしいです。
④ 50点以上だと、合格です。

3 ① 海雲台に行くなら、バスが便利です。
② やめたいなら、やめればいいです。
③ 嫌なら、一緒に行かなくてもいいです。
④ そういう話なら、聞きたくないです。
⑤ いい物なら、売れます。

4 가정형 연습문제

買えば	降りれば	小さければ
押せば	食べれば	寒ければ
読めば	勉強すれば	きれいなら(ば)
曲がれば	持ってくれば	学生なら(ば)

① 先生に聞けば、すぐにわかります。
② 薬を飲めば、治ります。
③ 値段が安ければ、買います。
④ 問題が簡単なら(ば)、いい点が取れます。
⑤ 勉強すれば、難しくないです。

응용연습

1 ① A かばんはどこにありますか。
B 赤いかばんなら、机の上にあります。
② A 何がしたいですか。
B 機会があれば、海外旅行をしたいです。
③ A 大学院に行きたいんですが。
B 大学院に行きたいなら、もっとがんばっ
てください

④ A 明日暇だったら、映画を見ようと思いま
す。
B じゃあ、一緒に見に行きませんか。
⑤ A 食欲がないんです。
B 食べないと、病気になりますよ。
⑥ A いつまで勉強しますか。
B 終わったら、言います。
⑦ A どうしたらお湯が出ますか。
B このボタンを押すと、出ます。

2 ① と
② ば
③ たら
④ なら
⑤ ば

3 전쟁이 없는 세상이 되었으면 좋겠어요. TV에서 전쟁 뉴스를 보면 슬퍼집니다. 온 세상 사람들이 매일 밝고 건강하게 살았으면 좋겠습니다. 전쟁을 없애고 싶다면, 다른 사람에 대한 감사의 마음을 잊어서는 안 된다고 생각합니다. 모두가 그런 마음을 가지고 있으면, 더 좋은 세상을 만들 수 있을 것이라고 저는 믿고 있습니다.

4 ① 左へ行くと、銀行があります。
② 近くに来たら、すぐ電話ください。
③ ソウルへ行くなら、KTXが一番便利です。
④ 薬を飲めば、治ります。

5 ① A 先生、今ちょっといいですか。
B 忙しいので、4時になったら来てくださ
い。
A わかりました。
② A 冬休みに日本へ行きたいんですが、初め
てなら、東京がいいですか。
B 冬なら、やはり北海道がいいですよ。
A そうですか。
③ A 田中さんは車を持っていますか。
B 安ければ買えますが、高いので買えませ
んよ。
A そうですね。

④ A お湯がほしいんですが…

　B 青いボタンを押すと、水が出て、赤いボ
　　タンを押すと、お湯が出ますよ。

　A ありがとうございます。

① ◯　② ×　③ ×　④ ×

문법문형연습

1 ① 父は母に花をあげました。
　② 武田さんはキムさんに海外旅行のおみやげ
　　をあげました。
　③ 私はイさんにカメラを貸してあげました。

2 ① 彼氏は私に化粧品をくれました。
　② ハンさんは弟におもちゃをくれました。
　③ 兄は私にケーキを買ってくれました。
　④ 佐藤さんは母に日本のお茶を送ってくれま
　　した。

3 ① ユミさんは武田さんにセーターをもらいま
　　した。
　② 兄は彼女にハンカチをもらいました。
　③ 私は友だちに宿題を教えてもらいました。
　④ 私たちは店の人に写真を撮ってもらいまし
　　た。

응용연습

1 ① A 昨日は弟さんの卒業式だったそうですね。
　　B ええ、それで (私は) 弟に花をあげました。
　② A 最近、家族に何かプレゼントしましたか。
　　B ええ、(私は) 妹にスカーフを買ってあげ
　　　ました。
　③ A 入学のお祝いで (私は) 父に時計をもらい
　　　ました。
　　B すてきな時計ですね。
　④ A 漢字が難しいです。どうやって勉強して
　　　いますか。
　　B (私は) 日本人の友だちに漢字を教えても
　　　らっています。

⑤ A その本、おもしろいですよね。
　B 誕生日に先輩が (私に) この本をくれまし
　　た。
⑥ A 妹さんの誕生日ケーキは、どこで買いま
　　したか。
　B キムさんが妹にケーキを作ってくれまし
　　た。

2 (예시)
① ハンカチをあげました。
② 毎朝、お弁当を作ってくれます。
③ 荷物を持ってもらいました。

3 저는 올해 대학생이 되었습니다. 입학 축하선물로 부
모님께 새로운 휴대폰을 받았습니다. 저도 지금까지
키워주신 부모님께 감사의 편지를 드렸습니다. 앞으
로 성실히 대학생활을 보내면서 아르바이트도 할 생
각입니다. 아르바이트를 해서 번 돈으로 부모님께 선
물을 드리고 싶습니다. 그리고, 친구에게 소개받은 여
자 친구와 뮤지컬도 보러 가고 싶습니다.

4 ① 私は友だちにチョコレートをあげました。
　② 両親は私にパソコンを買ってくれました。
　③ 私はキムさんに写真を見せてあげました。
　④ 妹は母に毎月、おこづかいをもらいます。

5 ① 祖母は私におこづかいをくれました。
　② 私は友だちにプレゼントをあげました。
　③ 私は父に自転車をもらいました。
　④ 母は弟にサンドイッチを作ってあげまし
　　た。

① 私　(←) 祖母
② 私　(→) 友だち
③ 私　(←) 父
④ 母　(→) 弟

第11課

문법문형연습

1 수동형 연습문제

笑われる	踏まれる	注目される
聞かれる	建てられる	取られる
直される	考えられる	開かれる
待たれる	来られる	入られる
死なれる	叱られる	ほめられる
呼ばれる	捨てられる	見られる

2 ① 木村さんは鈴木さんに呼ばれました。
② 妹は母に叱られました。
③ 弟は兄にたたかれました。

3 ① (私は)弟にパソコンを壊されました。
② (私は)母に日記を読まれました。
③ (私は)友だちに弁当を食べられました。

4 ① 泥棒に入られて困りました。
② 同僚に休まれて困りました。
③ 赤ちゃんに泣かれて困りました。

5 ① 漢字は中国や日本で使われています。
② あの絵は200年前に描かれました。
③ このニュースは多くの人に注目されています。

6 ① 野菜はダイエットできるし、体にいいです。
② 今日は雨だし、風も強いです。
③ バスは来ないし、道も混むし、大変でした。

응용연습

1 ① A どうしたんですか。
B 弟が母に叱られたんです。
② A どうしたんですか。
B 姉に日記を読まれたんです。
③ A どうしたんですか。
B 雨に降られたんです。
④ A どうしたんですか。

B 赤ちゃんに泣かれたんです。
⑤ A どうしたんですか。
B 泥棒に入られたんです。
C 大丈夫ですか。警察に電話したほうがいいですよ。
⑥ A どうしたんですか。
B 蚊に刺されたんです。
C 大丈夫ですか。薬を塗ったほうがいいですよ。

2 (예시)
① 友だちに来られ
② ハチに刺され
③ みんなに知られ
④ 頭が痛い, 寒い

3 오늘은 운이 없는 하루였습니다. 아침에는 남동생이 태블릿을 고장냈습니다. 전차 안에서는 여자에게 발을 밟혔습니다. 게다가 지갑을 도둑맞아 점심밥도 먹지 못했습니다. 수업 중에는 선생님의 질문에 대답을 못해서 야단맞았습니다. 귀갓길에는 비를 맞아 감기에 걸렸습니다. 밤에는 공부하려고 생각하고 있었는데 친구가 와서 곤란했습니다. 이런 날은 일찍 자려고 합니다. 내일을 좋은 하루가 되면 좋겠습니다.

4 ① 隣の人に足を踏まれました。
② 雨に降られて風邪をひきました。
③ このお寺は200年前に建てられました。
④ 木村さんは先生に呼ばれました。

5 ① 妹は兄にレポートを捨てられました。
② 田中さんは泥棒に入られました。
③ 隣の人に足を踏まれました。
④ 弟は母に叱られました。

① b　② a　③ d　④ c

문법문형연습

1 사역형 연습문제

買わせる	死なせる	寝させる
行かせる	選ばせる	食べさせる
泳がせる	読ませる	来させる
待たせる	捨てさせる	運動させる
話させる	取らせる	勉強させる

2 ① 先生は学生にレポートを提出させました。
② 父は弟に嫌いな野菜を食べさせました。
③ 母は私を歯医者に行かせました。
④ そのお父さんは子どもを静かにさせました。
⑤ 先生は学生を近くに来させました。

3 ① 少し考えさせてください。
② ちょっと休ませてください。
③ 今日はもう帰らせてください。
④ 私に手伝わせてください。

4 사역수동형 연습문제

習わされる	待たされる	覚えさせられる
驚かされる	飲まされる	捨てさせられる
泳がされる	遊ばされる	来させられる
話させられる	住まされる	掃除させられる
出させられる	着させられる	心配させられる

5 ① 祖母は店員にスマホを買わされました。
② 夫は妻にゴミを捨てさせられました。
③ 私はそのオペラに感動させられました。
④ 客はいつもその店のサービスにびっくりさせられました。
⑤ 私は兄に泣かされました。

응용연습

1 ① A 忙しそうですね。
B はい。今、子どもにごはんを食べさせています。
② A 教室は静かですね。
B はい。暗くなったので、学生たちを帰らせました。
③ A いつもどんな本を息子さんに買ってあげますか。
B 息子に好きな本を選ばせています。
④ A 昨日は大変だったようですね。
B はい。友だちに荷物を持たされました。
⑤ A 子どものとき、お兄さんは優しかったですか。
B いいえ。兄によく泣かされました。
⑥ A 昨日の勉強会はどうでしたか。
B 大変でした。先輩に難しい漢字を書かされました。

2 (예시)
① に本をたくさん読ませたいです
② コピーをさせ
③ 英語の塾に行かされました
④ 運転させられました

3 제가 초등학생 때부터 아버지는 저에게 여러 외국어를 배우게 했습니다. 저는 친구들과 놀고 싶었지만 밤 늦게까지 학원에 가야 했습니다. 정말 힘들었습니다. 그러나 J-POP을 알고 난 후 바뀌었습니다. 일본어 공부가 매우 즐거워졌습니다. 그래서 아버지에게 "일본에 있는 대학에 유학 보내주세요"라고 말씀 드렸습니다. 처음엔 반대하셨으나 지금은 아버지도 응원해 줍니다.

4 ① お母さんは子どもを歯医者に行かせました。
② 先生は学生たちに難しい漢字を書かせました。
③ 妻は夫に皿洗いをさせました。
④ 次は私に歌わせてください。

5 ① A 彼女に高いネックレスを買わされました
B それで、今、お金がないんですね。

② A 店の掃除はいつも誰がしますか。

B アルバイトに店を掃除させます。

③ A 子どもさんはどうして中国語が上手です
か。

B 毎日、中国語の単語を、覚えさせていま
す。

④ A 娘さんと結婚させてください。

B はい。こちらこそよろしくお願いします

① ○　② ×　③ ×　④ ×

第13課

문법문형연습

1 ① 本田さんは何時にお戻りになりますか。

② スミスさんはお酒をお飲みになりますか。

③ 課長はタバコをお吸いになりますか。

④ 会議にご出席になりますか。

2 ① いつ家にいらっしゃいますか。

② 先生は何とおっしゃいましたか。

③ この本をご存じですか。

3 ① すぐにお調べします。

② 荷物をお預かりします。

③ メールでお伝えします。

④ あとでご連絡します。

4 ① フランス料理をいただきます。

② 釜山に住んでおります。

③ おみやげをいただきます。

응용연습

1 ① A 週末はどこにいらっしゃいますか。

B たいてい家におります。

② A 木村先生の絵をもうご覧になりました
か。

B 一度拝見したことがあります。

③ A 昨日の夜は何を召し上がりましたか。

B 焼き肉をいただきました。

④ A 昨日、松本先生とはお話しになりました
か。

B はい、お話ししました。

2 (예시)

① お会いしました

② キム・ヨナと申します

③ 何を召し上がりましたか

3 기무라 선생님께

심포지움에서는 선생님을 만나뵐 수 있어서 매우 기
뻤습니다. 여러 가지를 가르쳐주셔서 감사드립니다.
매우 공부가 되었습니다. 경주는 천천히 구경하셨습
니까? 다음에 꼭 부산에 오십시오. 만약에 괜찮으시
면 제가 부산을 안내해 드리겠습니다. 그럼 또 만나뵐
날을 기대하겠습니다.

김연아 드림

4 ① キム・ヨナと申します。

② 新聞をお読みになりますか。

③ 会場までご案内します。

④ カバンをお持ちします。

⑤ お手数をおかけしてすみません。

5 ① すみません、お名前をもう一度おっしゃっ
てください。

② 何か召し上がりましたか。

③ いつソウルにいらっしゃいますか。

④ ご連絡、よろしくお願いいたします。

① c　② d　③ a　④ b

활용 정리

종류	기본형	STEP1-8과 ます형	STEP1-10과 ない형	STEP1-11과 て형	STEP1-12과 た형
1그룹동사	かう(買う)	かいます	かわない	かって	かった
	きく(聞く)	ききます	きかない	きいて	きいた
	いく(行く)	いきます	いかない	*いって	*いった
	およぐ(泳ぐ)	およぎます	およがない	およいで	およいだ
	はなす(話す)	はなします	はなさない	はなして	はなした
	まつ(待つ)	まちます	またない	まって	まった
	しぬ(死ぬ)	しにます	しなない	しんで	しんだ
	よぶ(呼ぶ)	よびます	よばない	よんで	よんだ
	のむ(飲む)	のみます	のまない	のんで	のんだ
	つくる(作る)	つくります	つくらない	つくって	つくった
2그룹동사	みる(見る)	みます	みない	みて	みた
	ねる(寝る)	ねます	ねない	ねて	ねた
3그룹동사	する	します	しない	して	した
	くる(来る)	きます	こない	きて	きた
	～ことができます(1-13) ～前(まえ)に(2-2) ～のが(2-4) ～せいで(2-4) ～ために(2-4) ～ようです(2-5) ～らしいです(2-5) ～でしょう(2-5) ～かもしれません(2-6) ～はずです(2-6) ～つもりです(2-8) ～予定(よてい)です(2-8) ～ことにします(2-8) ～と(2-9) ～なら(2-9)	～たいです(1-9) ～に行きます(1-9) ～ませんか(1-9) ～ましょう(1-9) ～はじめます /おわります(2-1) ～つづけます(2-1) ～すぎます(2-1) ～そうです〈양태〉(2-5) お/ご～になります(2-13) お/ご～します/いたします(2-13)	～ないほうがいいです(1-10) ～ないでください(1-10) ～なければいけません(2-2) ～つもりです(2-8) ～予定(よてい)です(2-8) ～ことにします(2-8)	～います(1-11) ～いません(1-11) ～ください(1-11) ～もいいですか(2-2) ～はいけません(2-2) ～あります(2-3) ～しまいます(2-3) ～おきます(2-3) ～みます(2-3) ～いきます/きます(2-3) ～あげます(2-10) ～くれます(2-10) ～もらいます(2-10)	～ことがあります(1-12) ～ほうがいいです(1-12) ～り～りします(1-13) ～後(あと)で(2-2) ～せいで(2-4) ～ら(2-9)

STEP2-6과	STEP2-8과	STEP2-9과	STEP2-11과	STEP2-12과	STEP2-12과
가능형	의지형	가정형	수동형	사역형	사역수동형
かえる	かおう	かえば	かわれる	かわせる	かわされる
きける	きこう	きけば	きかれる	きかせる	きかされる
いける	いこう	いけば	いかれる	いかせる	いかされる
およげる	およごう	およげば	およがれる	およがせる	およがされる
はなせる	はなそう	はなせば	はなされる	はなさせる	はなさせられる
まてる	まとう	まてば	またれる	またせる	またされる
しねる	しのう	しねば	しなれる	しなせる	しなされる
よべる	よぼう	よべば	よばれる	よばせる	よばされる
のめる	のもう	のめば	のまれる	のませる	のまされる
つくれる	つくろう	つくれば	つくられる	つくらせる	つくらされる
みられる	みよう	みれば	みられる	みさせる	みさせられる
ねられる	ねよう	ねれば	ねられる	ねさせる	ねさせられる
*できる	しよう	すれば	される	させる	させられる
こられる	こよう	くれば	こられる	こさせる	こさせられる
～ようになります/なくなります (2-6)	～と思います (2-8)			～てください (2-12)	

STEP1-13과　　보통형				
	현재 긍정	현재 부정	과거 긍정	과거 부정
명사	雨だ	雨じゃない	雨だった	雨じゃなかった
イ형용사	安い	安くない	安かった	安くなかった
ナ형용사	静かだ	静かじゃない	静かだった	静かじゃなかった
동사	買う	買わない	買った	買わなかった

～と思います(1-13)
～そうです〈전문〉(2-7)
～と聞きます(2-7)
～と言います(2-7)

※명사·ナ형용사 현재 긍정　だ→な
～ので(2-1)
～んです(2-7)

Memo

외국어 출판 40년의 신뢰
외국어 전문 출판 그룹
동양북스가 만드는 책은 다릅니다.

40년의 쉼 없는 노력과 도전으로 책 만들기에 최선을 다해온 동양북스는
오늘도 미래의 가치에 투자하고 있습니다.
대한민국의 내일을 생각하는 도전 정신과 믿음으로 최선을 다하겠습니다.

동양북스

📖 동양북스 추천 교재

일본어 교재의 최강자, 동양북스 추천 교재

회화 코스북

일본어뱅크 다이스키
STEP 1·2·3·4·5·6·7·8

일본어뱅크
좋아요 일본어 1·2·3·4·5·6

일본어뱅크 도모다찌
STEP 1·2·3

분야서

일본어뱅크
좋아요 일본어 독해 STEP 1·2

일본어뱅크
일본어 작문 초급

일본어뱅크
사진과 함께하는
일본 문화

일본어뱅크
항공 서비스 일본어

가장 쉬운 독학
일본어 현지회화

수험서

일취월장 JPT
독해·청해

일취월장 JPT
실전 모의고사 500·700

일단 합격하고 오겠습니다
JLPT 일본어능력시험
N1·N2·N3·N4·N5

일단 합격하고 오겠습니다
JLPT 일본어능력시험
실전모의고사 N1·N2·N3·N4/5

단어·한자

특허받은
일본어 한자 암기박사

일본어 상용한자 2136
이거 하나면 끝!

일본어뱅크
좋아요 일본어 한자

가장 쉬운 독학
일본어 단어장

일단 합격하고 오겠습니다
JLPT 일본어능력시험
단어장 N1·N2·N3

중국어 교재의 최강자, 동양북스 추천 교재

중국어뱅크 북경대학 신한어구어
1·2·3·4·5·6

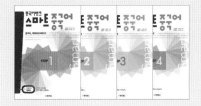

중국어뱅크 스마트중국어
STEP 1·2·3·4

중국어뱅크 집중중국어
STEP 1·2·3·4

중국어뱅크
뉴! 버전업 사진으로
보고 배우는 중국문화

중국어뱅크
문화중국어 1·2

중국어뱅크
관광 중국어 1·2

중국어뱅크
여행실무 중국어

중국어뱅크
호텔 중국어

중국어뱅크
판매 중국어

중국어뱅크
항공 실무 중국어

정반합 新HSK
1급·2급·3급·4급·5급·6급

일단 합격 新HSK 한 권이면 끝
3급·4급·5급·6급

버전업! 新HSK
VOCA 5급·6급

가장 쉬운 독학 중국어 단어장

중국어뱅크
중국어 간체자 1000

특허받은
중국어 한자 암기박사

📖 동양북스 추천 교재

기타외국어 교재의 최강자, 동양북스 추천 교재

중고급 학습

첫걸음 끝내고 보는 프랑스어 중고급의 모든 것

첫걸음 끝내고 보는 스페인어 중고급의 모든 것

첫걸음 끝내고 보는 독일어 중고급의 모든 것

첫걸음 끝내고 보는 태국어 중고급의 모든 것

첫걸음 끝내고 보는 베트남어 중고급의 모든 것

단어장

버전업! 가장 쉬운 프랑스어 단어장

버전업! 가장 쉬운 스페인어 단어장

버전업! 가장 쉬운 독일어 단어장

가장 쉬운 독학 베트남어 단어장

여행회화

NEW 후다닥 여행 중국어

NEW 후다닥 여행 일본어

NEW 후다닥 여행 영어

NEW 후다닥 여행 독일어

NEW 후다닥 여행 프랑스어

NEW 후다닥 여행 스페인어

NEW 후다닥 여행 베트남어

NEW 후다닥 여행 태국어

수험서·교재

한 권으로 끝내는 DELE 어휘·쓰기·관용구편 (B2~C1)

수능 기초 베트남어 한 권이면 끝!

버전업! 스마트 프랑스어

일단 합격하고 오겠습니다 독일어능력시험 A1·A2·B1·B2